인물로 보는 세계 역사

LIVE 세계사

③ 프랑스

천재교육

글 **조영선**

어린이책을 기획하는 콘티 작가이자 과학·수학 칼럼니스트, 어린이 교육 강사로 활동하고 있습니다.
《Why》, 《카카오프렌즈 과학 탐정단》, 《일렉트론 영웅전》 등의 학습 만화 시리즈와
〈화장실 괴물 무섭지 않아〉, 〈뽀송이의 여행〉, 〈이상한 스마트폰 세상〉 등의 동화책을 썼습니다.

만화 **최우빈**

학습 만화를 전문으로 그리는 '빈 스튜디오'를 이끌고 있습니다. 《그리스 로마 신화》, 《도티&잠뜰 미래과학상식》, 《도티&잠뜰 방과 후 학교》, 《바둑전쟁 신들의 게임》 등의 학습 만화 시리즈를 그렸습니다.

학습·감수 **김태규**

고려대학교 역사교육과에서 공부했습니다. 고등학교 교사로 재직하고 있으며, 재미있는 역사 수업을 위해 모인 '역사사랑'에서 활동하고 있습니다. 지은 책으로는 《생각하는 세계사, 서양 고대 편(공저)》, 《생각하는 세계사, 서양 중세 편(공저)》 등이 있습니다.

LIVE 세계사 ③ 프랑스

발행 | 2022년 7월 31일 초판 **인쇄** | 2023년 3월 30일 2쇄
발행처 | (주)천재교육
글 | 조영선 **만화** | 최우빈 **삽화** | 나인완 **학습·감수** | 김태규
편집 | 천재교육 만화사업팀 **북디자인** | Design Plus
사진 제공 | 셔터스톡, 위키피디아, 천재교육
신고번호 | 제2001-000018호(1980.5.28)
팩스 | 02-3282-1717
고객만족센터 | 1577-0902
주소 | 08513 서울특별시 금천구 가산로9길 54
홈페이지 | www.chunjae.co.kr

ISBN 979-11-259-7037-8 74900
ISBN 979-11-259-7034-7 74900 (세트)

인물로 보는 세계 역사

LIVE 세계사

③ 프랑스

추천사

프랑스의 역사 인물과 함께 역사 여행을 떠나요.

프랑스는 유럽을 대표하는 주요 국가예요. 영국과 대서양을 마주 보고 있으며, 스페인, 독일, 스위스 및 이탈리아 등과 국경을 접하고 있지요. 약 27개국이 소속된 유럽 연합(UN)을 독일과 함께 이끌어 가고 있어요. 한반도의 세 배가 넘는 넓은 영토와 다양한 기후로 농산물이 풍부해 유럽에서 가장 풍요로운 나라이기도 합니다.

게르만족의 이동으로 성립되었던 프랑크 왕국은 카롤루스 대제에 이르러 오늘날 프랑스와 독일, 이탈리아에 걸친 대제국으로 발전해요. 하지만 카롤루스 대제 이후 3개의 왕국으로 분열되고, 그중 서프랑크 왕국이 발전하여 프랑스의 기원이 됩니다.

중세 시대를 거치면서 여러 지역으로 분열된 프랑스는 영국과의 백 년 전쟁으로 지방 영주들의 힘은 점차 약해지고, 왕의 권한이 강해졌어요. 루이 14세는 하늘 아래 하나밖에 없는 태양처럼, 전 세계 하나밖에 없는 국가의 최고 권력자라는 자부심으로 스스로 '태양왕'이라고 불렀지요. 그는 절대 왕정의 전성기를 이끌며 프랑스를 문화와 예술의 중심지로 만듭니다.

18세기 말에는 강력한 절대 왕정에 대한 반발로 프랑스 혁명이 일어나요. 나폴레옹의 정복 전쟁으로 프랑스 혁명의 이념과 정신은 유럽을 넘어 전 세계로 뻗어 나가지요. 오늘날 대부분의 국가에서 채택하고 있는 민주주의는 프랑스 혁명이 가져온 결과입니다.

이처럼 우리 생활에 큰 영향을 준 정치 제도를 만들고, 문화와 예술을 발전시킨 프랑스가 궁금하지 않나요? 함께 프랑스를 만나볼까요?

김태규
서울 장충고등학교 교사

현재 우리가 살아가는 지구에는 수많은 나라와 역사가 있어요. 그 역사 속 사람들을 알고 싶다면 《LIVE 세계사》를 읽어 보는 것은 어떨까요? 여러분이 꼭 알아 두면 좋을 인물을 중심으로 한 재미있는 만화를 읽을 수 있어요.

김현숙
서울 덕수중학교 교사

《LIVE 세계사》는 세계 여러 나라의 역사를 중요 인물과 사건을 통해 살펴보고, 이와 관련된 주변 나라의 역사와 나아가 세계 역사 흐름을 살펴보려는 책입니다. 인물과 사건, 그리고 유적과 유물을 통해 세계는 연결되어 있고, 과거와 현재가 연결되어 있음을 알 수 있습니다.

왕홍식
서울 보성중학교 교사

여러분이 친구들과 많은 것을 함께 나누는 것처럼 세계 여러 나라 사람들도 이웃 나라, 심지어 지구 반대편 먼 나라 사람들과 만나 많은 것을 주고받았어요. 그 결과물이 세계사이지요. 《LIVE 세계사》는 곳곳에 우리나라 이야기도 들어 있어 편하게 만날 수 있을 거예요.

이강무
서울 인창중학교 교사

《LIVE 세계사》는 어린이 혼자 읽으면서도 쏙쏙 이해되는 세계사 책이에요. 역사적 인물을 통해 각 나라의 역사를 살펴보며 '세계사 공부가 이렇게 쉽고 재미난 것이구나!' 하는 생각을 갖게 될 거예요. 세계사와 연관된 한국사 이야기도 담겨 있어 세계 시민으로 살아가는 어린이들에게 더 넓은 세상으로 나아가는 길을 열어 줍니다.

황은희
서울 월천초등학교 교사

이 책의 특징

Start

1 여행 지도

해당 나라의 지도와 함께 수도, 언어, 기후, 국기 등 기본 정보를 알아봅니다.

2 만화와 정보 박스

세계 역사 속 주요 인물을 재밌는 스토리와 함께 만화로 만나 봅니다. 정보 박스를 통해 놓치기 쉬운 학습 정보를 보충합니다.

3 세계사 들여다보기 세계사 넓게 보기 세계사 깊게 보기

해당 나라에 관련된 정보를 읽고, 그 시기에 주변 나라와 우리나라는 어떤 일이 있었는지 살펴봅니다.

루스 대제 (747년?~814년)
스페인과 이탈리아 일부 지역을 제외한 서유럽 지역을 프랑크 왕국으로 통일한 사람이에요. *정복 전쟁으로 프랑크 왕국의 영토를 확장했는데, 그 영역이 유럽 연합 출발 당시의 영토와 비슷해 유럽 통합의 상징이 된 인물이지요. 정복한 땅에서 가톨릭을 활발히 보급해 교회의 세력도 크게 확장됐어요. 교황은 게르만족이 멸망시킨 로마 제국을 부활시켰다며 카롤루스 대제를 '서로마 제국'의 황제로 임명합니다. 이는 나중에 신성 로마 제국이라는 나라로 발전해요. 카롤루스 대제는 전쟁만 벌이는 군주는 아니었어요. 제국을 통치하기 위해 *도량형을 통일하고, 로마의 우수한 문화에 감명받아 학문과 예술을 발달시키기 위해 노력했답니다.
카롤루스 대제는 문화, 예술 분야에도 큰 관심을 갖고 지원해 주셨어.
그 덕분에 우리도 이렇게 음악을 하는 거란다.

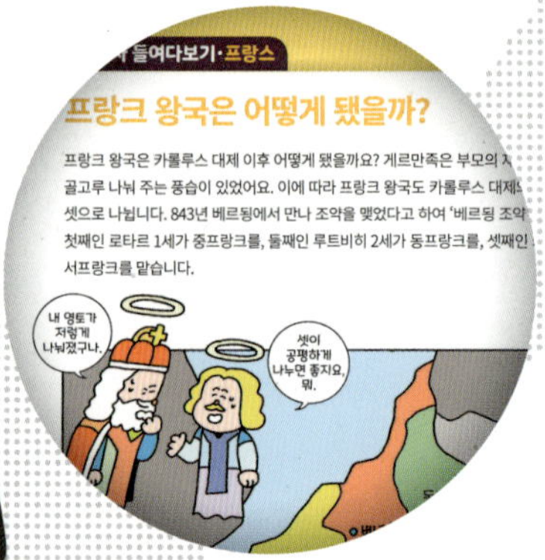

4

놀이 퀴즈

미로 찾기, 가로세로 낱말 퀴즈, 사다리 타기 등 재밌는 퍼즐을 이용해 학습한 내용을 확인해 봅니다.

5

문제 퀴즈

세계사와 관련된 다양한 유형의 문제를 풀면서 학습한 내용을 점검하고 교과를 비롯한 여러 가지 시험에 대비합니다.

6

연표

인물과 사건을 중심으로 역사의 흐름을 이해하고 같은 시기에 우리나라와 다른 나라에서 일어난 사건과 비교해 봅니다.

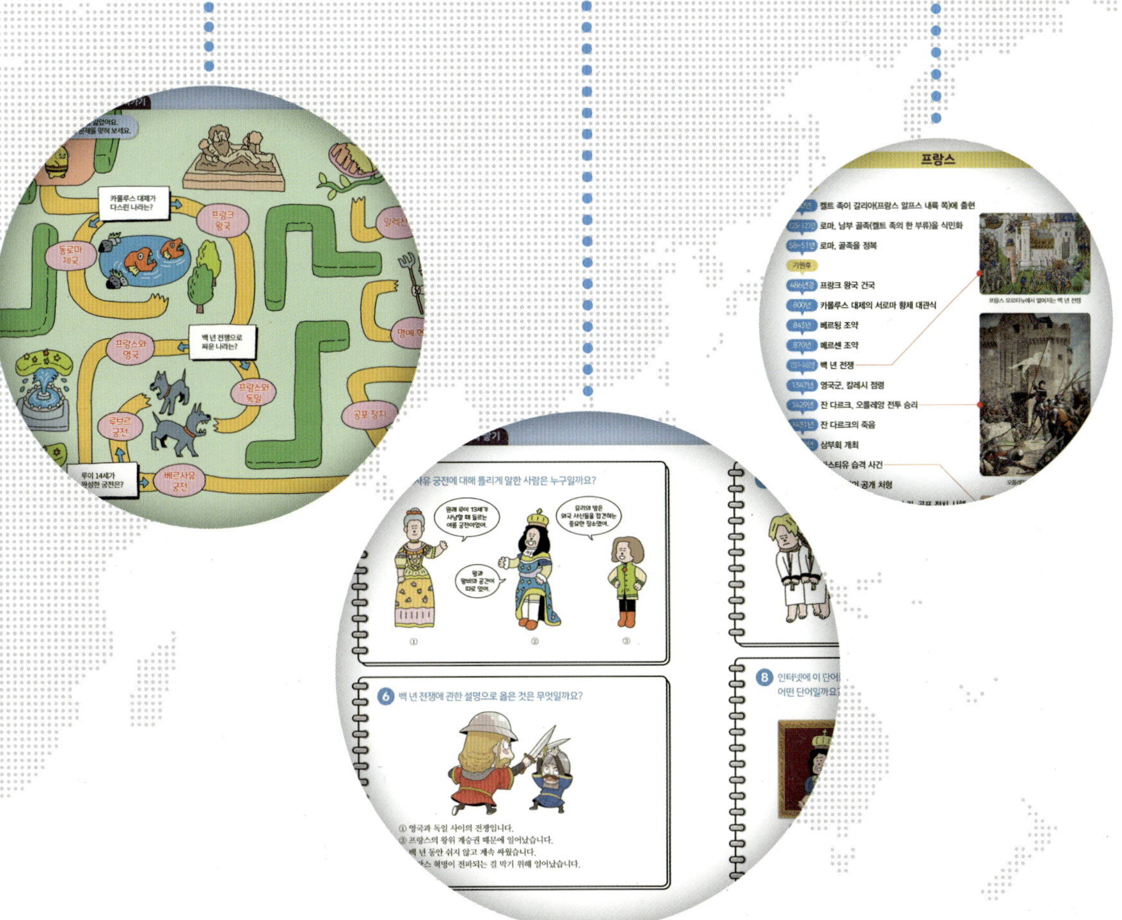

End

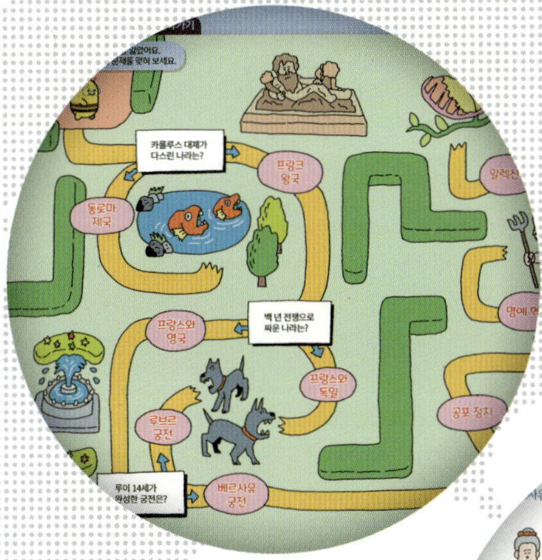

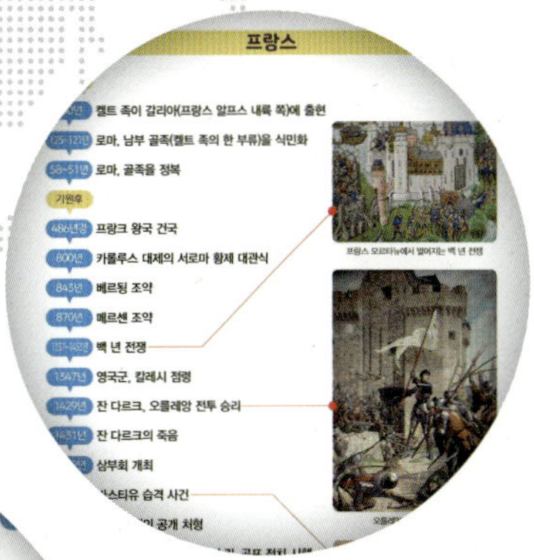

프랑스

수도
프랑스 공화국의 수도는 '파리'예요.
센강의 중류에 있으며, 에펠 탑, 몽마르트르 언덕, 노트르담 대성당, 루브르 박물관 등이 유명해요.

언어
프랑스어를 사용해요. 프랑스어는 19세기까지 유럽에서 공용어 수준의 지위를 갖고 있었으며, 프랑스인은 자국어에 대한 자부심이 높아요.

지리
프랑스는 적도와 북극 양쪽에서 거의 같은 거리인 북위 42~51°에 걸쳐 있어요. 대체로 완만한 구릉과 평야로 이루어져 있으며, 전체적으로 오각형 모양이에요.

기후
서부는 해양성 기후로 연중 강수량이 높고 온도가 낮아요.
중부와 동부는 겨울에 강한 추위와 여름의 뜨거운 더위를 오가는 대륙성 기후예요. 지중해와 닿아 있는 남부는 지중해성 기후를 보이며, 동부의 알프스산맥과 남서부의 피레네산맥은 산악 기후를 보입니다.

화폐
과거에는 '프랑'이라는 화폐 단위를 사용했으나, 1999년부터 '유로'를 사용해요.

종교
인구의 약 63~66% 정도가 로마 가톨릭이에요.

산업
풍부한 문화 자원을 바탕으로 관광 산업이 발달했어요. 세계 최대의 포도주 생산국이며, 자동차, 항공우주, 패션, 게임, IT 분야에서 세계를 선도합니다.

세계 유산
몽생미셸과 만, 샤르트르 대성당, 베르사유 궁전과 정원 등의 문화유산을 갖고 있어요.

국기

파랑, 하양, 빨강으로 이뤄진 삼색기예요. 프랑스 혁명 당시 파랑과 빨강은 파리를, 하양은 왕실을 상징했어요. 즉, 국민과 왕실이 화합하자는 뜻이 담겨 있어요.

LIVE
세계사 QR
동영상으로 더 많은 정보를 만나 보세요!

릴
파리
스트라스부르
낭트
리옹
보르도
그르노블
니스
칸
툴루즈
마르세유
지 중 해

등장인물

해리

이상한 나라의 정원사.
격투기에 뛰어나며,
힘이 아주 세요.

솔이

이상한 나라의 음악가.
악기를 잘 다루고
감수성이 섬세해요.

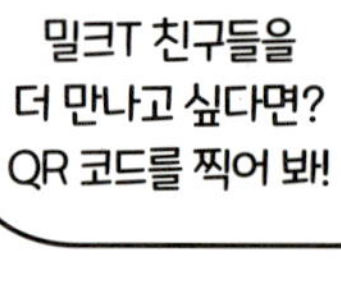

밀크T 친구들을
더 만나고 싶다면?
QR 코드를 찍어 봐!

버리

부지런하고
호기심이 많아요.
주변을 잘 관찰해요.

하트 공주

이상한 나라
하트 여왕의 외동딸.
자기만의 왕국을
세우려고 해요.

가로

하트 공주의 부하.
충성심으로 가득하지만,
엉뚱한 행동으로 일을
그르치기도 해요.

세로

하트 공주의 부하.
공주의 말이라면 무조건
따르며, 눈치가 빨라
행동도 빨라요.

카롤루스 대제

게르만족을 통합한
프랑크 왕국의
왕이에요.

잔 다르크

백 년 전쟁 당시
프랑스를 위기에서
구한 성녀예요.

루이 14세

절대 왕정의
황금기를 이끈
왕이에요.

로베스피에르

프랑스 혁명을 이끈
대표적인 지도자예요.
공포 정치를 펼쳤어요.

나폴레옹

프랑스 혁명 때
전쟁을 승리로 이끈
군인이에요.

차례

이상한 나라 안내서
여기는 이상한 나라.
세상의 지식과 상상이 모여 만들어진 마법의 나라예요.
하트성
레스토랑
도서관
정원
음악관

인간, 동물, 요정, 마법사, 책 속의 인물 등 다양한 이들이 살고 있지요.

이상한 나라에서 가장 중요한 곳은 도서관이에요. 인간 세계와의 균형을 보여 주는 절대시계가 있거든요. 인간 세계가 흔들리면 여기도 무사하지 못해요.
도서관에 인간 세계로 넘어가는 시간의 문이 있다는 건 안 비밀!
껄껄
이상한 나라는 항상 평화로워요. 가끔 하트성에 사는 공주가 말썽을 일으킬 때 빼고는요.
엄마, 미워!
너 사춘기니?
오늘은 어떤 하루가 시작될까요?
덜덜덜

프롤로그

관장님, 또 다치시다!

*안정 몸 또는 마음이 편안하고 고요함.
*피리 속이 빈 대에 구멍을 뚫고 불어서 소리를 내는 악기.

* **절대 왕정** 왕이 절대적 권한을 갖는 정치 체제.
* **직접** 중간에 아무것도 끼지 않고 바로.

*납치 강제 수단을 써서 억지로 데리고 감.
*사서 도서관에서 자료를 수집, 정리, 보존하는 사람.

이번엔 해리와 솔이가 가는 게 어떠니?
네, 좋아요!
나도 같이 갈래.
응?
프랑스는 전쟁이 많았던 나라야. 위험을 잘 *감지하는 내가 도움이 될 거야.
자, 회중시계와 마법 안경이다! 부디 무사히 잘 다녀오렴.
우리야 고맙지!
환상의 조합이구나.
네! 반드시 하트 공주를 막고 책도 찾아올게요.

***감지** 느끼어 앎.

1 카롤루스 대제

서로마 제국의 황제가 되다

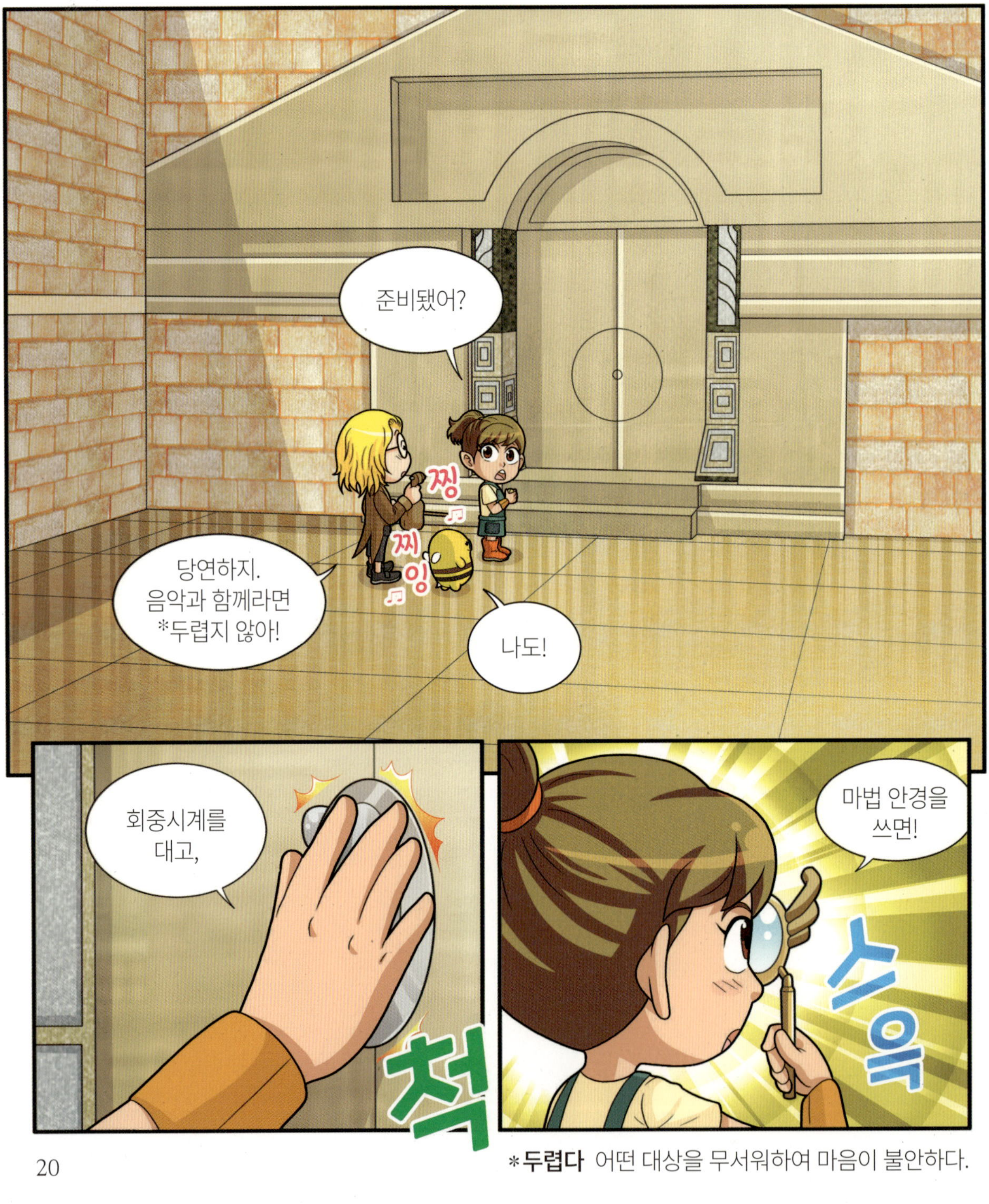

*두렵다 어떤 대상을 무서워하여 마음이 불안하다.

*발자국 발로 밟은 자리에 남은 모양.

*팽팽 일정한 좁은 범위를 자꾸 도는 모양.
*어지럽다 몸을 제대로 가눌 수 없이 정신이 흐리고 얼떨떨하다.

공주 발자국이 안 보여!
주변을 봐 봐. 단서가 있을 거야.
시끌 시끌
웅성 웅성
여긴 어디지?
광장인가 봐! 사람이 엄청 많아!

*__교황__ 가톨릭교의 최고위 성직자.
*__대성당__ 교구의 중심이 되는 성당.

*고장 기계가 제대로 돌아가지 않는 상태.

*** 훈족** 중앙아시아의 초원 지대에서 활약하던 유목 민족.
*** 서로마 제국** 둘로 나뉘어진 로마 제국 가운데 서쪽의 제국.

*유명 이름이 널리 알려져 있음.
*일단 우선 먼저.

* **맡기다** 어떤 일에 대한 책임을 지고 담당하게 하다.

*연주 악기를 다루어 곡을 들려주는 일.
*성탄절 예수가 태어난 날을 기념하는 날.

*특별 보통과 구별되게 다름.
*눈치 속생각이 겉으로 드러나는 태도.

* **미사** 가톨릭에서 행하는 제사 의식.
* **사절단** 나라를 대표하여 외국에 보내는 사람들.

*함성 여러 사람이 함께 외치는 소리.
*통합 둘 이상의 조직 따위를 하나로 합침.

카롤루스 대제 (747년?~814년)

스페인과 이탈리아 일부 지역을 제외한 서유럽 지역을 프랑크 왕국으로 통일한 사람이에요. *정복 전쟁으로 프랑크 왕국의 영토를 확장했는데, 그 영역이 유럽 연합 출발 당시의 영토와 비슷해 유럽 통합의 상징이 된 인물이지요. 정복한 땅에서 가톨릭을 활발히 보급해 교회의 세력이 크게 확장됐어요. 교황은 게르만족이 멸망시킨 로마 제국을 부활시켰다며 카롤루스 대제를 '서로마 제국'의 황제로 임명합니다. 이는 나중에 신성 로마 제국이라는 나라로 발전해요. 카롤루스 대제는 전쟁만 벌이는 군주는 아니었어요. 제국을 통치하기 위해 *도량형을 통일하고, 로마의 우수한 문화에 감명받아 학문과 예술을 발달시키기 위해 노력했답니다.

*정복 남의 나라나 이민족 따위를 정벌하여 복종시킴.
*도량형 길이, 부피, 무게따위의 단위를 재는 법.

미사엔 아무나
들어갈 수 없어.
하하, 정말
뭘 모르는구나.
그럼요?
저길 봐!
화려한 옷과
마차가 보이지?
정식으로 초대받은
사람만 갈 수 있어.
아마 초대장도
있어야 할걸?
아….
어?
저기!
하트 공주?

*설마 그럴 리는 없겠지만.
*노리다 남의 것을 빼앗으려고 벼르다.

*사정 일의 형편이나 까닭.
*눈감다 남의 잘못을 알고도 모르는 체하다.

*금화 금으로 만든 돈.
*뇌물 사람을 자기편으로 만들기 위해 건네는 돈이나 물건.

*귀족 가문이나 신분 따위가 좋은 사회적 특권 계층.
*진귀하다 보기 드물게 귀하다.

*__억지로__ 이치에 맞지 않게 강제로.
*__불편__ 어떤 것을 사용하기가 거북하거나 괴로움.

*찢다 물체를 잡아당기어 가르다.
*깜박하다 어떤 것을 기억하지 못하다.

* **성공** 목적하는 바를 이룸.
* **일품** 솜씨가 제일감.

*웅장하다 규모가 거대하고 성대하다.
*다물다 입술처럼 두 쪽으로 마주 보는 것을 꼭 맞대다.

*기념 뜻깊은 일을 오래도록 잊지 않고 마음에 간직함.
*예수 성탄 대축일 로마 교회력에 따른 열네 개의 축일 중 하나.

*아멘 설교 끝에 내용에 동의하거나 이뤄지길 바란다는 뜻.

***임명** 정한 지위나 임무를 남에게 맡김.

*대리자 남을 대신하여 일을 처리하는 사람.
*선포 세상에 널리 알림.

*인기 어떤 대상에 쏠리는 대중의 관심이나 기운.

*발동 움직이거나 작용하기 시작함.

*악마 사람의 마음을 홀려 나쁜 길로 이끄는 귀신.
*방해 남의 일을 간섭하고 막아 해를 끼침.

*달아나다 위험을 피하여 도망가다.
*밧줄 굵게 꼰 줄.

프랑크 왕국은 어떻게 됐을까?

프랑크 왕국은 카롤루스 대제 이후 어떻게 됐을까요? 게르만족은 부모의 재산을 자식들에게 골고루 나눠 주는 풍습이 있었어요. 이에 따라 프랑크 왕국도 카롤루스 대제의 손자 대에 이르러 셋으로 나뉩니다. 843년 베르됭에서 만나 조약을 맺었다고 하여 '베르됭 조약'이라고 해요. 첫째인 로타르 1세가 중프랑크를, 둘째인 루트비히 2세가 동프랑크를, 셋째인 카를 2세가 서프랑크를 맡습니다.

퀴즈 843년 프랑크 왕국을 셋으로 나눈 조약은? ① 베르됭 조약 ② 베를린 협정

① 정답

이후 중프랑크를 맡았던 로타르 1세가 죽으면서 알프스산맥 너머의 중프랑크 땅을 서프랑크와 동프랑크가 나눠 가져요. 870년 메르센에서 만나 조약을 맺었다고 하여 '메르센 조약'이라고 합니다. 그 뒤로 서프랑크는 프랑스로, 중프랑크는 이탈리아로, 동프랑크는 독일로 발전하면서 오늘날 유럽 주요 국가의 틀이 만들어져요. 유럽의 서로 다른 세 나라가 프랑크 왕국에서 갈라져 나왔다는 사실이 재미있지요?

퀴즈 870년 서프랑크와 동프랑크가 만나 중프랑크의 일부 땅을 갖기로 한 조약은?

① 메르센 소수 ② 메르센 조약

정답 ②

유럽을 공포에 떨게 한 노르만족

8세기 무렵 나타나 유럽을 공포에 떨게 하는 이들이 있었으니, 바로 '노르만족'이에요. 노르만족은 '유럽 북쪽에 사는 게르만족'이라는 뜻으로, '바이킹'이라고도 불려요. 이들은 뛰어난 항해술을 가지고 바닥이 낮은 배를 이용해 거친 바다와 강을 거슬러 올라갔어요. 처음에는 작은 배를 타고 약탈을 일삼다가 점차 수백 척의 함대를 만들어 활동했습니다. 오늘날의 영국, 프랑스 지역은 물론 멀리 지중해의 시칠리아까지 점령했다고 해요.

무기

노르만족은 주로 창, 칼, 도끼로 무장했으며, 활을 지니기도 했어요.

전술

노르만족은 일명 '치고 달아나는' 기습 전법을 잘 썼다고 해요.

배

길이는 보통 14~23 m, 한쪽에 최대 10개의 노가 있었으며, 한번에 오륙십 명을 태울 수 있었어요. 어떤 배보다도 빠르며, 거친 바다를 잘 견뎠습니다.

퀴즈 노르만족의 또다른 이름은? ① 드링킹 ② 바이킹

정답 ②

진정한 통합을 실현한 태조 왕건

카롤루스 대제가 유럽을 통합했듯이, 우리나라에도 후삼국으로 분열되었던 나라를 통합한 인물이 있어요. 바로 고려를 세운 태조 왕건이에요. 신라의 삼국 통일은 고구려 유민이 세운 발해가 있었기 때문에 진정한 의미의 통일이 아니었어요. 오늘날 남북한처럼 우리 민족이 세운 나라가 두 개인 셈이었으니까요. 하지만 왕건이 세운 고려는 발해 유민을 받아들이고, 후백제와 신라 사람들까지 모두 아우른 진정한 통일 왕국이었어요. 이 고려가 조선으로, 오늘날 대한민국으로 이어져 우리 민족 국가의 큰 틀을 세운 거랍니다.

퀴즈 고려를 세운 사람은? ① 왕건 ② 탑건

① 왕건

2 잔 다르크

프랑스를 위기에서 구한 영웅

*호위병 따라다니며 곁에서 보호하고 지키는 병사.
*인재 재주가 아주 뛰어난 사람.

*장점 좋거나 잘하거나 긍정적인 점.
*장수 군사를 거느리는 우두머리.

*연약하다 무르고 약하다.
*위기 위험한 고비나 시기.

* **엉덩방아** 넘어져서 엉덩이로 바닥을 쾅 구르는 짓.
* **허허벌판** 끝없이 넓고 큰 벌판.

*검 무기로 쓰는 크고 긴 칼.

*예리하다 끝이 뾰족하거나 날이 선 상태에 있음.

*화살 활시위에 메겨서 멀리 날아가도록 만든 물건.
*큰일 다루는 데 힘이 많이 드는 일.

*한가운데 공간의 바로 가운데.
*익숙하다 어떤 대상을 자주 겪어서 처음 대하는 것 같지 않다.

*유인하다 주의나 흥미를 일으켜 꾀어내다.
*요상하다 별나거나 색다르다.

*__진영__ 군대가 진을 치고 있는 곳.
*__앳되다__ 태도나 모습이 어려 보이다.

*병사 예전에, 군인이나 군대를 이르던 말.

***왕위** 임금의 자리.
***선왕** 선대의 임금.

*__귀엔__ 중세 시대에 프랑스 서남쪽에 있던 나라. 12세기 이후로 영국령이 됨.
*__흑사병__ 페스트균이 일으키는 급성 전염병.

*오를레앙 프랑스 루아르강의 오른쪽에 있는 도시.

*본때를 보이다 잘못을 저지르지 않도록 따끔한 맛을 보이다.
*전투 두 편의 군대가 조직적으로 무장하여 싸움.

*승리 겨루어서 이김.
*허락 청하는 일을 하도록 들어줌.

잔 다르크 (1412년~1431년)

잔 다르크는 프랑스의 작은 시골 마을에서 농민의 딸로 태어났어요. 어느 날 '위기에 처한 조국을 구하라!'는 천사의 목소리를 듣고, 열일곱 살의 어린 나이에 전쟁터로 향합니다. 당시 프랑스는 영국의 침입으로 멸망 직전까지 몰리고 있었어요. 프랑스 왕세자는 잔 다르크를 시험하려고 몰래 병사의 옷을 입고 숨어 있었어요. 하지만 잔 다르크는 왕세자를 한눈에 알아보고 영국과의 전쟁에 보내달라고 합니다. 잔 다르크는 함락 직전까지 몰린 오를레앙으로 달려가 승리했어요. 그 뒤로도 여러 전투에서 계속 승리하여 프랑스의 사기를 크게 높였지요. 하지만 일 년 만에 영국군에게 포로로 잡혀 화형당해요. 후대에는 프랑스를 위기에서 구한 성녀로 존경받습니다.

*기세 기운차게 뻗치는 모양이나 상태.

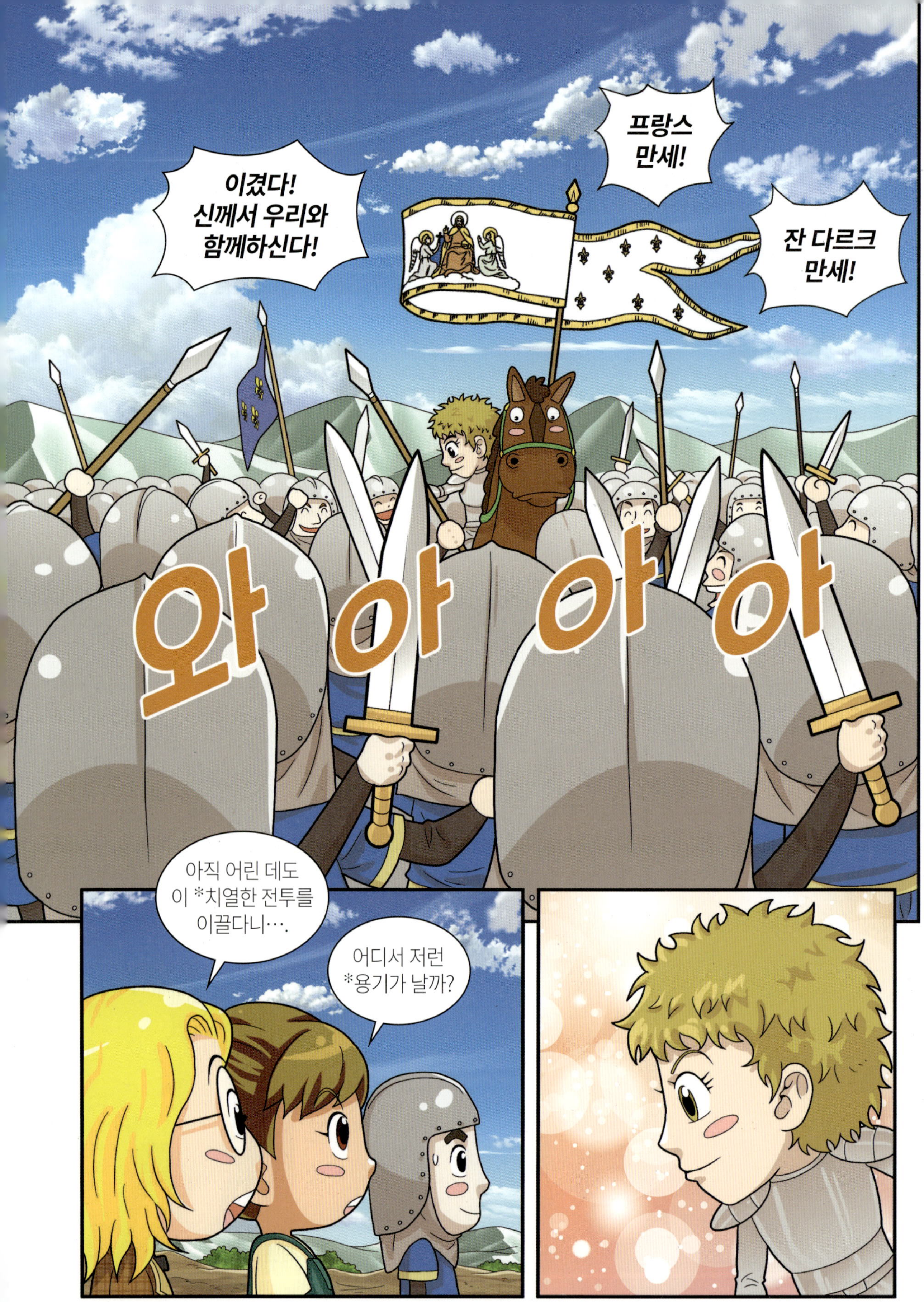

*치열 기세가 불길같이 맹렬함.
*용기 씩씩하고 굳센 기운.

*전쟁터 싸움을 치르는 장소.

*온화하다 성격, 태도 따위가 온순하고 부드럽다.

생명이 소중하다면서
왜 전쟁을 계속하죠?
해… 해리!
소중한 사람들을 지키기 위해서야.
내 뒤엔 *공포에 떠는 수많은 프랑스 국민들이 있어. 난 그들을 위해 싸우는 거야.
잔 다르크 님. 누가 찾아왔습니다.
누가?

*공포 두렵고 무서움.

* **물자** 어떤 활동에 필요한 여러 가지 물건이나 재료.
* **식량** 생존을 위하여 필요한 사람의 먹을거리.

*거절 상대편의 제안을 받아들이지 않고 물리침.

*지원 지지하여 도움.

*__애쓰다__ 마음과 힘을 다하여 무엇을 이루려고 힘쓰다.
*__갑옷__ 예전에, 싸움을 할 때 적의 창검이나 화살을 막기 위하여 입던 옷.

*미래 앞으로 올 때.
*국왕 나라의 임금.

*화형 사람을 불살라 죽이는 형벌.
*처형 사형에 처함.

*사명 맡겨진 임무.
*철없다 사리를 분별할 만한 지각이 없다.

* **혼내다** 윗사람이 아랫사람의 잘못에 대하여 호되게 나무라거나 벌을 주다.
* **포위** 주위를 에워쌈.

*귀찮다 마음에 들지 아니하고 괴롭거나 성가시다.

*따라가다 다른 사람 뒤에서, 그가 가는 대로 가다.

*위장 본래의 정체나 모습이 드러나지 않도록 거짓으로 꾸밈.
*무사하다 아무런 일이 없다.

*구하다 위태롭거나 어려운 지경에서 벗어나게 하다.
*편 여러 패로 나누었을 때 그 하나하나의 쪽.

백 년 전쟁의 작은 영웅, 칼레의 시민

백 년 전쟁은 1337~1453년 영국과 프랑스 사이에 일어난 전쟁이에요. 초반에는 영국이 우세했지만, 잔 다르크의 활약으로 프랑스가 빼앗긴 땅을 거의 되찾으면서 전쟁이 끝납니다. 이 백 년 전쟁에는 칼레와 관련된 이야기가 있어요. 프랑스 북부 도시 칼레는 백 년 전쟁 초기인 1347년에 영국군에 함락돼요. 그러자 영국 왕은 시민 대표 여섯 명만 처형하고 나머지는 살려 주겠다고 제안합니다. 칼레 시민들은 안도의 한숨을 내쉬었지만, 여섯 명의 대표를 뽑아야 하는

퀴즈 1347년 영국군에 함락된 프랑스 도시는? ① 카레 ② 칼레

정답 ②

숙제가 남아 있었어요. 이때 칼레에서 가장 부유했던 상인을 비롯해 시장, 법률가 등 여섯 명이 손을 듭니다. 사회적으로 신분이 높은 사람들이 오히려 희생하겠다고 나선 거예요. 다행히 영국 왕비의 노력으로 시민 대표들은 처형되지 않고 풀려났어요. 이 칼레의 시민 이야기는 사회 지도층일수록 높은 도덕적 의무를 다해야 한다는 '노블레스 오블리주' 정신을 잘 보여 줍니다.

퀴즈 사회 지도층일수록 높은 도덕적 의무를 다해야 한다는 뜻은?
① 노블레스 오블리주 ② 노스탤지어

정답 ①

마녀재판

마녀는 '악마와 계약을 맺은 사람'이란 뜻이에요. 백 년 전쟁이 끝난 뒤 유럽에서는 마녀재판이 널리 퍼졌습니다. 전쟁, 흑사병, 이상 기후로 인한 흉년 등으로 불안해진 사람들이 모든 원인을 마녀의 탓으로 돌렸기 때문이에요. 마녀재판에서 마녀로 결정된 사람은 많은 사람이 보는 앞에서 불에 태워졌어요. 이렇게 희생된 사람이 수십만 명이 넘는다고 해요. 프랑스를 구한 영웅으로 추앙받던 잔 다르크조차 마녀재판으로 희생되었으니 참으로 안타까운 일이지요.

마녀를 구별하는 법

퀴즈 마녀인지 아닌지 결정하는 재판은? ① 마녀재판 ② 형사 재판

① 정답

한국의 노블레스 오블리주, 이시영 일가

백 년 전쟁 당시 칼레의 시민 대표와 같은 사람들이 우리나라에도 있었어요. 바로 이시영 선생님 집안이에요. 이 집안은 조선에서 둘째가라면 서러워할 부자였다고 해요. 그런데 조선 시대 후기 나라가 점점 어려워지고 곧 일본에 넘어가려고 하자, 여섯 형제는 독립운동을 하기 위해 전 재산을 팔아 중국으로 넘어갔어요. 이중에 살아서 고국으로 돌아오신 분은 이시영 선생님뿐이라고 해요. 많은 재산으로 평생 쉽게 살 수 있었는데도 독립을 위한 험한 길로 나섰던 이시영 선생님과 가족들, 칼레의 여섯 시민 대표 못지 않은 자랑스러운 우리 민족의 큰 어른들이랍니다.

퀴즈 민족의 독립을 위해 힘쓰는 운동은? ① 친일 활동 ② 독립운동

정답 ②

3 루이 14세

절대 왕정의 황금기를 이끈 태양왕

*적응 일정한 조건이나 환경 따위에 맞추어 알맞게 됨.
*부잣집 재산이 많아 살림이 넉넉한 사람의 집.

*베르사유 프랑스 파리의 서남쪽에 있는 도시.
*궁전 임금이 사는 집.

루이 14세 (1638년~1715년)

다섯 살의 어린 나이에 왕이 되어 72년 동안 프랑스를 이끈 왕이에요. 어릴 때는 마자랭, 나이가 든 후에는 콜베르라는 유능한 *재상의 도움을 받아 나라를 잘 다스렸습니다. 모든 일을 손수 처리하면서 “짐이 곧 국가다!”라고 말할 정도로 강한 권력을 누렸다고 해요. 최고의 왕이라는 자부심에 스스로 ‘태양왕’이라 불렀고, 화려한 베르사유 궁전을 지었습니다. 사람들이 이 궁전의 호화로운 파티에 참석하려면 멋진 옷차림이 필요했을 거예요. 이때부터 파리가 세계의 패션과 예술의 중심지로 떠오르기 시작했다고 합니다.

*왕권 임금이 지닌 권력이나 권리.
*재상 임금을 돕고 모든 관원을 지휘하고 감독하는 일을 하는 벼슬.

*전염병 남에게 옮는 성질이 있는 병.
*말실수 말을 잘못하여 저지르는 실수.

*악취 나쁜 냄새.
*비결 세상에 알려져 있지 않은 자기만의 뛰어난 방법.

* **들키다** 숨기려던 것을 남이 알게 되다.
* **초대** 어떤 모임에 참가해 줄 것을 청함.

＊**시녀** 시중을 드는 여자.
＊**귀티** 귀하게 보이는 모습이나 태도.

***환심** 기뻐하고 즐거워하는 마음.
***한참** 시간이 상당히 지나는 동안.

*****화려하다** 어떤 일이나 생활 따위가 보통 사람들이 누리기 어려울 만큼 대단하거나 사치스럽다.

*****부유** 재물이 넉넉함.

*호화 사치스럽고 화려함.
*운 어떤 일이 잘 이루어지는 운수.

*즉위 왕이 될 사람이 왕의 자리에 오름.
*강화 세력이나 힘을 더 강하고 튼튼하게 함.

* **기술자** 어떤 분야에 전문적 기술을 가진 사람.
* **재정** 국가가 행정이나 정책을 시행하기 위하여 자금을 만들어 관리하고 이용하는 일.

***기도** 신에게 빎.

***부시다** 빛이 강렬하여 마주 보기가 어렵다.

두리번
두리번
여기에 노리는 사람이 있나 봐.
특별한 사람은 못 봤는데….
호호, 그만 좀 보세요. 제가 그렇게 아름답나요?
그게 아니라, 목걸이가 정말 아름답네요.
내, 내가 아니고?
이게 맘에 드나요?
그럼 당장 줄 수도 있는데….
네?

*당연히 일의 앞뒤 사정을 놓고 볼 때 마땅히 그러하게.

*충직 충성스럽고 정직함.
*경비병 경비 임무를 맡은 병사.

*들어가다 밖에서 안으로 향하여 가다.

***목표** 행동을 취하여 이루려는 최후의 대상.
***침실** 잠을 자는 방.

***청하다** 어떤 일을 이루기 위하여 남에게 부탁을 하다

***확실히** 틀림없이 그러하게

* **칭찬** 좋은 점이나 착하고 훌륭한 일을 높이 평가함.
* **예의** 예로써 올바르게 나타내는 존경의 뜻.

*감독 일의 전체를 지휘함.
*여봐라 가까이 있는 사람을 부를 때 쓰는 말.

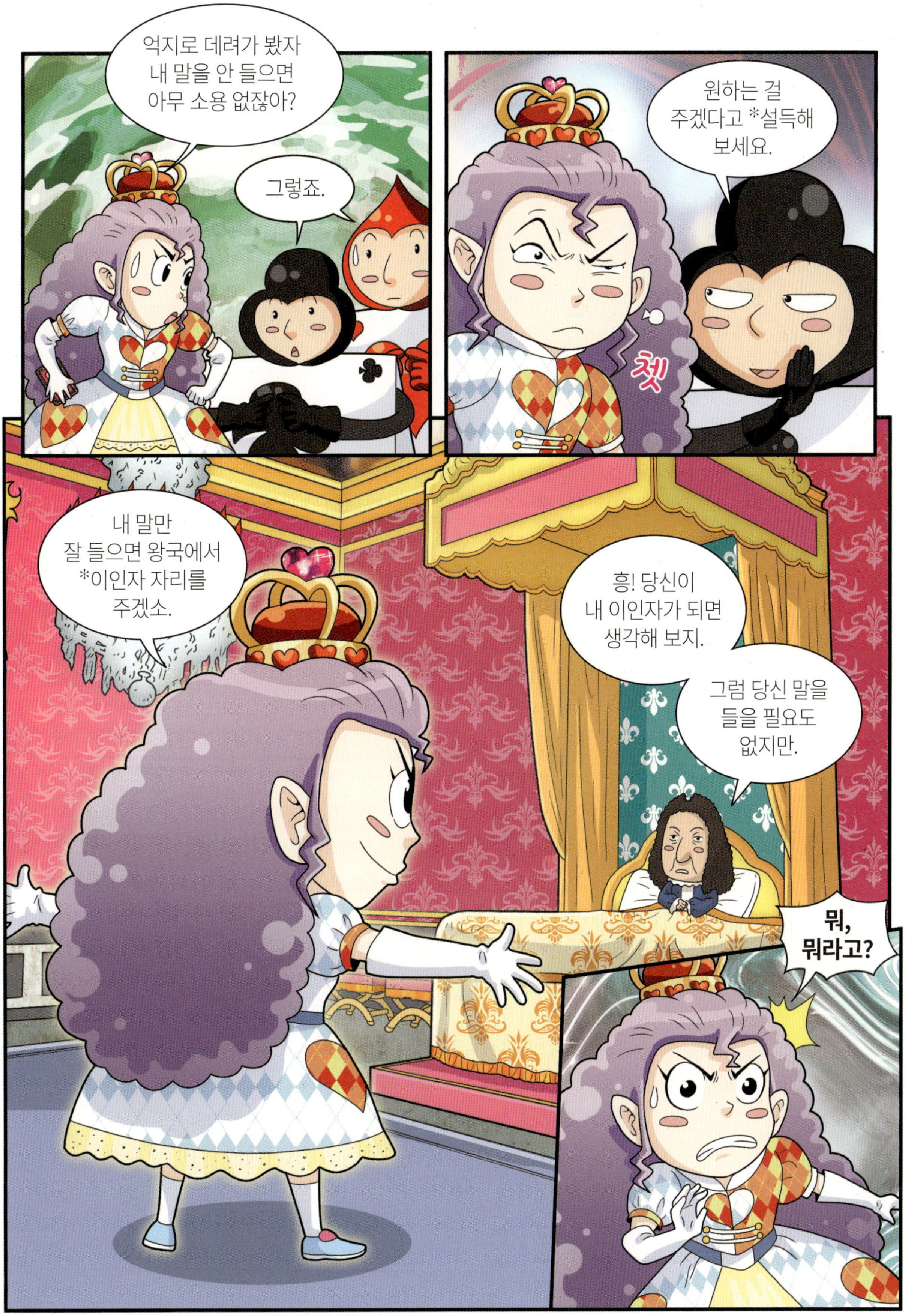
억지로 데려가 봤자 내 말을 안 들으면 아무 소용 없잖아?
그렇죠.
원하는 걸 주겠다고 *설득해 보세요.
첫
내 말만 잘 들으면 왕국에서 *이인자 자리를 주겠소.
흥! 당신이 내 이인자가 되면 생각해 보지.
그럼 당신 말을 들을 필요도 없지만.
뭐, 뭐라고?

*설득 상대편이 이쪽 편의 이야기를 따르도록 여러 가지로 깨우쳐 말함.
*이인자 어떤 조직에서 두 번째 위치에 있는 사람.

늦지 말아야
할 텐데.
귀족들 때문에
시간을 너무
끌었어.
버리 아니었으면
아직도 붙잡혀
있었을 거야.
엄청 큰 벌이
날고 있어요!
웅성
웅성
좋아,
성공이야!
아니, 황금도 싫다
보석도 싫다, 그럼
대체 원하는 게 뭐요?
?

*영원히 끝없이 이어지는 상태.

*매번 매 때마다.
*방해하다 남의 일을 간섭하고 막아 해를 끼치다.

폐하!
괜찮으십니까?
어떻게
들어왔지?
넌
누구냐!
경비병?
감히 폐하를
*공격하다니!
헉,
여기 들어오느라
무기도 두고
왔는데….
챙
챙

*공격 나아가 적을 침.

*피하다 어려운 처지에 놓이지 않도록 하다.

*위대하다 능력, 업적 따위가 뛰어나고 훌륭하다.
*돌아보다 돌아다니면서 두루 살피다.

베르사유 궁전

베르사유 궁전은 원래 루이 13세가 사냥할 때 들르던 여름 궁전이었어요. 그런데 루이 14세가 태양왕에 어울리는 화려한 궁전을 지으라고 명령했어요. 그때부터 베르사유 궁전을 확장하는 대규모 공사가 시작되었습니다. 수많은 예술가와 정원사가 참여해 무려 오십여 년에 걸쳐

퀴즈 왕비의 공간이 아닌 곳은? ① 평화의 방 ② 풍요의 방

정답 ②

지었어요. 이 궁전을 위해 숲을 만들고 강줄기를 끌어오느라 어마어마한 돈이 들었지요. 화려한 궁전에 걸맞는 호화로운 파티가 계속되면서 프랑스는 점점 가난해졌어요. 결국 여기에 들어간 막대한 돈은 프랑스 혁명이 일어나는 하나의 원인이 되었습니다.

퀴즈 왕의 공간이 아닌 곳은? ① 평화의 방 ② 베누스의 방

정답 ①

유럽의 절대 왕정

어떤 법이나 기관에 간섭받지 않고 왕이 강한 권력을 누리는 정치 체제를 '절대 왕정'이라고 해요. 영국과 프랑스는 백 년 전쟁 등으로 귀족들이 몰락하면서 왕의 권력이 강화되었습니다. 왕은 왕권은 신이 주신 거라는 '왕권신수설'을 내세우며 영리한 전략을 세웠어요. 새롭게 등장한 시민 계층의 상공업을 보호해 주면서 세금을 걷고, 그 돈으로 강력한 군대를 유지해 반대 세력을 막았습니다. 유럽에서는 거의 비슷한 시기에 절대 왕정이 등장했어요. 프랑스의 루이 14세, 영국의 엘리자베스 1세, 스페인의 펠리페 2세가 바로 절대 왕정을 대표하는 인물이랍니다.

루이 14세
중앙 집권화를 추진했어요. 지방에 남아 있던 봉건 제도를 없애고, 수도에서 내려오는 지시에 따라 통치할 수 있게 만들었어요.

엘리자베스 1세
스페인의 무적함대를 이기고 영국 국교회를 확립했어요. 동인도 회사를 설립해 아시아에 진출하면서 인도 지배의 발판을 마련했습니다.

펠리페 2세
식민지를 포함한 각 지역에 총독을 파견해 중앙 집권 체제를 강화했어요. 무적함대라고 불리는 강력한 해군력을 키워 지중해의 해상권을 장악했어요.

퀴즈 루이 14세가 나라를 다스린 정치 체제는? ① 입헌 군주제 ② 절대 왕정

② 정답

경복궁을 다시 지은 이유는?

조선의 궁궐은 경복궁이에요. 임진왜란 때 한 번 불에 타 무너졌지요. 그 뒤로는 창덕궁과 창경궁을 고쳐서 궁궐로 사용했어요. 그런데 조선이 무너져 가던 19세기 말, 고종을 왕위에 올린 흥선 대원군은 왕권을 강화하기 위해 여러 가지 정책을 펼쳤어요. 그중 하나가 바로 경복궁을 다시 짓는 일이었습니다. 강한 왕권을 과시하기 위해 루이 14세는 베르사유 궁전을, 한국의 고종은 경복궁을 지었다는 공통점이 있네요. 재미있지 않나요?

경복궁의 구조

경회루
왕실에서 잔치를 베풀던 누각.

강녕전
'늘 편안하라'는 뜻으로, 왕이 잠을 자는 곳.

사정전
'올바른 정치를 하라'는 뜻으로, 왕이 실질적으로 정사를 돌보던 곳.

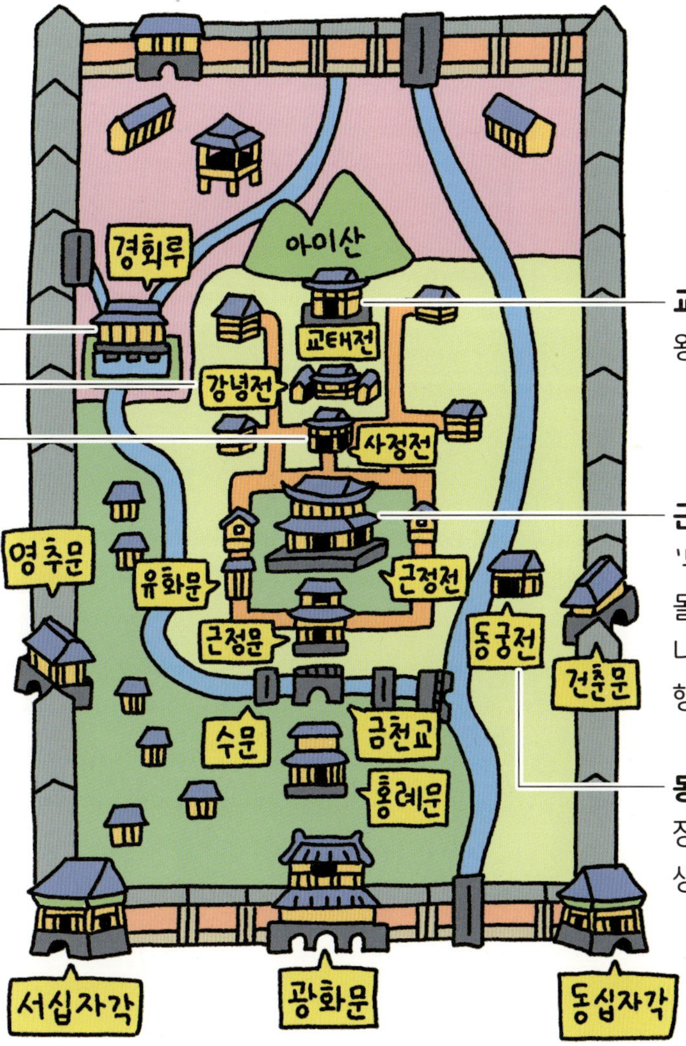

교태전
왕과 왕비가 자는 곳.

근정전
'부지런히 정사를 돌보라'라는 뜻으로, 나라의 중요한 의식이 행해지던 곳.

동궁
장차 왕이 될 세자가 생활하던 곳.

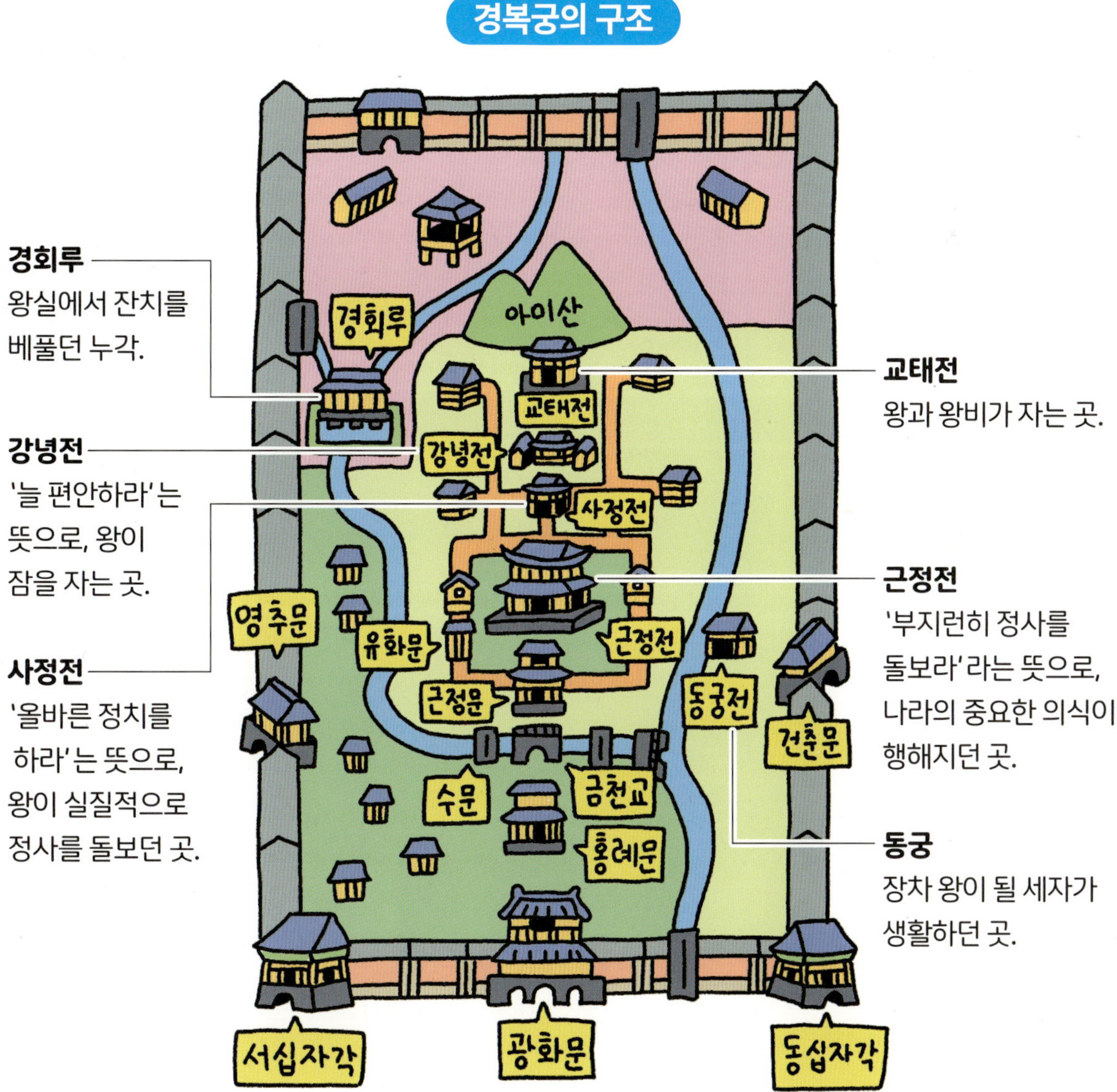

퀴즈 임진왜란 때 불탔다가 고종 때 다시 지은 조선의 궁궐은? ① 경복궁 ② 자금성

정답 ①

4 로베스피에르

프랑스 혁명을 이끈 지도자

*운동 신경 뇌나 척수에서 보내는 운동 명령을 근육에 전달하는 신경.
*타고나다 어떤 성품이나 능력 따위를 날 때부터 가지고 태어나다.

*바스티유 파리의 동쪽 교외에 있는 성으로, 루이 13세가 감옥으로 바꿈.
*감옥 죄인을 가두어 두는 곳.

와 아
바스티유를 무너뜨리자!
겁먹지 말고 맞서 싸우자!
사람들이 왜 감옥을 공격하지?
게다가 모두 평범한 시민들이야.
쾅

아
앙
화르르
우리를 무시하면 어떻게 되는지 보여 주자!

*혁명 이전의 관습이나 제도를 단번에 깨트리고 새로운 것을 급격히 세우는 일.
*최선 온 정성과 힘.

*끼니 아침, 점심, 저녁과 같이 날마다 일정한 시간에 먹는 밥.

*호의호식 좋은 옷을 입고 좋은 음식을 먹음.

＊**불만** 마음에 흡족하지 않음.

＊**투표** 선거할 때 투표 용지에 의사를 표시하여 내는 것.

*부당 이치에 맞지 아니함.
*속다 남의 거짓이나 꾀에 넘어가다.

*무기 전쟁이나 싸움에 사용되는 기구.
*억울 아무 잘못 없이 벌을 받아 답답함.

*사회 공동으로 생활하는 인간 집단.

*결정 행동이나 태도를 분명하게 정함.

*특권 특별한 권리.
*합류 일정한 목적을 위해 단체 따위와 하나로 합쳐 행동을 같이 함.

로베스피에르 (1758년~1794년)

프랑스 혁명을 이끈 대표적인 지도자예요. 프랑스에서 혁명이 일어나자 주변 나라들은 힘을 합해 공격했어요. 귀족들도 반란을 일으켜 혁명 이전으로 되돌아가려 했지요. 이때 로베스피에르는 공안 위원회를 만들어 권력을 장악하고 국왕 루이 16세를 비롯해 반대파를 제거했어요. 하지만 그 역시 반대파에 의해 단두대에 처형되었습니다.

*무엄하다!
감히
누구한테!
고, 공주님.
지금은 그런
말할 때가 아닌 것
같습니다.
첫, 기분
나쁜 곳이군.
할 수
없지.
휙
그게… 문이
생길 공간이
부족해요.
빠직
뭐?
어?
시간의 문이
안 생겨!
휙 휙

*무엄 삼가거나 어려워함이 없이 아주 무례함.

* **트다** 막혀 있던 것을 치우고 통하게 하다.

*공정 공평하고 올바름.
*재판 사건을 해결하기 위해 법원 또는 법관이 판단하는 일.

*__죄__ 잘못이나 허물로 인하여 벌을 받을 만한 일.
*__염려__ 앞일에 대하여 여러 가지로 마음을 써서 걱정함.

*다행 뜻밖에 일이 잘되어 운이 좋음.
*위험 해로움이나 손실이 생길 우려가 있음.

* **딱** 계속되던 것이 그치거나 멎는 모양.

*친애 친밀히 사랑함.
*처형식 사형에 처하는 의식.

*단두대 사람의 목을 자르는 처형대.

*정의 바른 뜻, 올바른 생각.
*야만 미개하여 문화 수준이 낮은 상태.

* **주인** 집안이나 단체 따위를 책임감을 가지고 이끌어 가는 사람.
* **처형** 사형에 처함.

*열정 어떤 일에 열렬한 애정을 가지고 열중하는 마음.
*인정 확실히 그렇다고 여김.

*아무리 정도가 매우 심함을 나타내는 말.
*근처 가까운 곳.

*도저히 아무리 하여도.
*용서 잘못한 일을 꾸짖지 않고 덮어 줌.

마녀를
잡아라!
흥!
이번엔 봐주지
않겠어!
파워 업!
파팟
헉! 공주님.
그 마법은…!
파지지지직
으아아아!

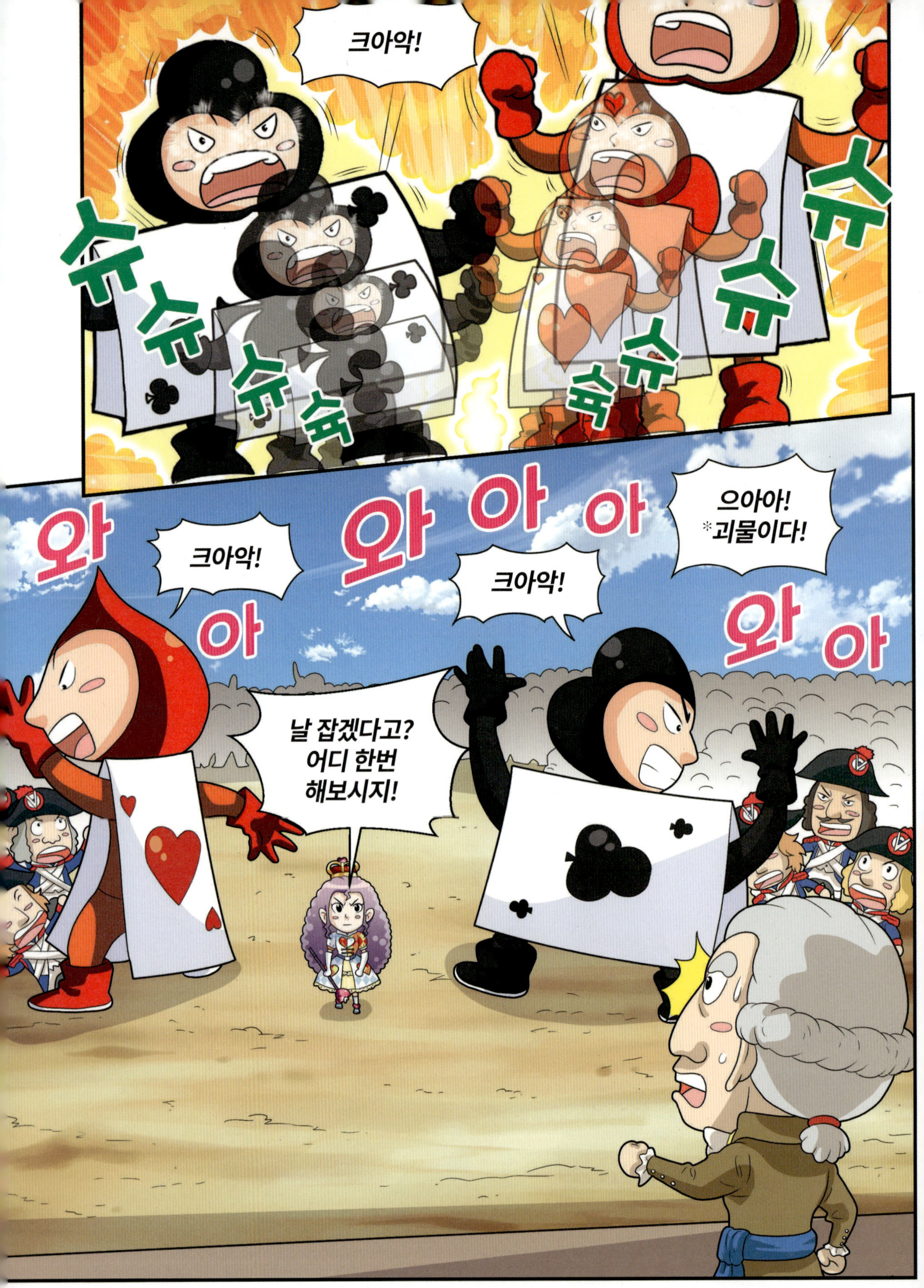

*괴물 괴상하게 생긴 물체.

가로 세로가
엄청 커졌잖아?
저런 마법을
쓰다니!
크아악
크악
하트 공주가
단상 위에
올라갔어!
감히
날 마녀라고
불렀겠다?
허억…!
척
내가 마음만
먹으면 널 이 안에
가둘 수 있어.
뭐?

*아깝다 어떤 대상이 가치 있는 것이어서 버리거나 내놓기가 싫다.
*볼일 해야 할 일.

*당분간 앞으로 얼마간.
*포기 하려던 일을 도중에 그만두어 버림.

프랑스 인권 선언문

프랑스 혁명 때 세계 최초의 인권 선언문이 발표된 거 알고 있나요? 프랑스 혁명이 일어나기 전, 사회는 여러 가지 부조리에 시달렸습니다. 많은 땅과 재산을 가진 귀족과 성직자는 세금을 내지 않았어요. 반면에 국민 대다수를 이루는 평민은 무거운 세금을 내면서도 제대로 된 권리도 주장하지 못했지요. 이에 평민을 중심으로 일부 성직자와 귀족이 모여 '국민 의회'를 결성했어요. 그리고 1789년 7월 프랑스 혁명이 일어나자, 국민 의회는 '프랑스 인권 선언문'을 발표합니다. 이 선언문은 열일곱 개의 조항으로 이루어져 있어요. 모든 인간의 자유와 권리를 보장한다는 내용이 담겨 있지요. 이후 프랑스 헌법의 기초가 되었고, 세계 각국의 헌법과 정치에도 큰 영향을 끼쳤답니다.

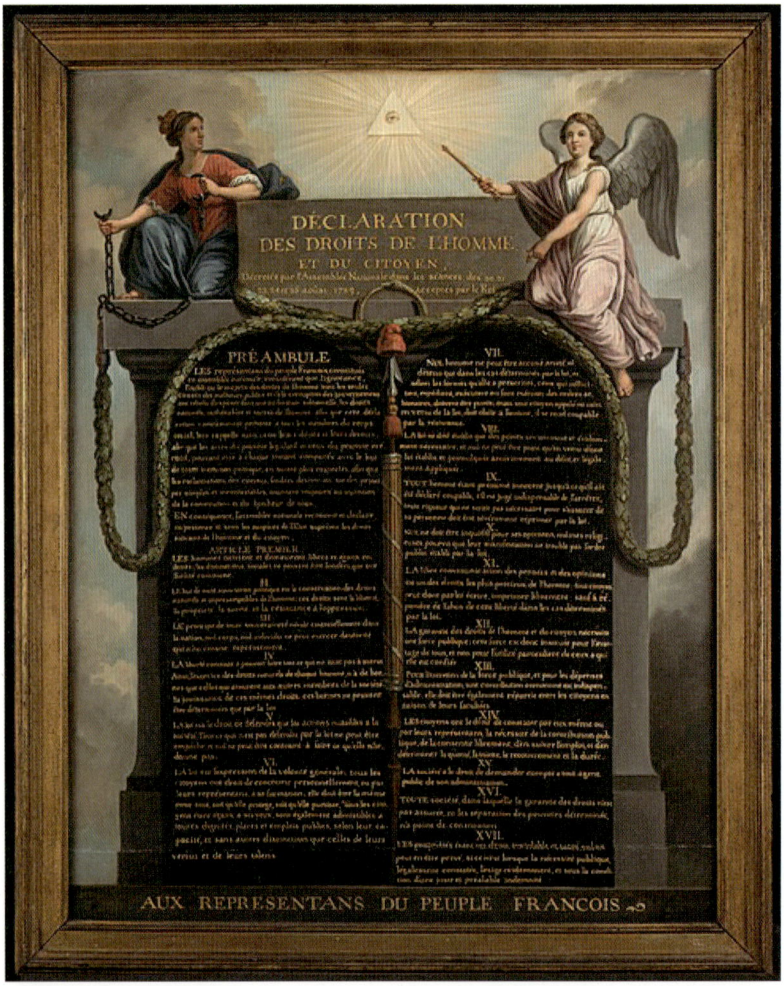

프랑스 인권 선언문

퀴즈 세계 최초의 인권 선언문이 발표된 나라는? ① 영국 ② 프랑스

정답 ②

프랑스 국기와 국가

프랑스 혁명이 일어난 후, 파리를 방문한 루이 16세에게 시장이 새로운 깃발을 선물했어요. 바로 파랑과 빨강 사이에 하양을 넣은 삼색기예요. 파랑과 빨강은 파리를, 하양은 왕실을 상징해요. 즉, 시민과 왕실이 서로 화합하자는 뜻이에요. 그뒤로 삼색기는 프랑스 혁명을 상징하며 오늘날 프랑스 국기가 되었어요. 당시 프랑스 혁명군을 위해 만든 노래는 프랑스 국가가 되었고요. 국기와 국가, 모두 프랑스 혁명과 관련이 있네요.

퀴즈 프랑스 국기는? ① 삼색기 ② 태극기

세계 3대 시민 혁명

세계에서 일어난 시민 혁명을 살펴볼까요? 영국은 1688년에 명예혁명이 일어나 의회 정치의 토대를 마련했어요. 미국은 1776년에 독립 혁명이 일어나 영국으로부터 독립했습니다. 이 두 혁명의 영향을 받아 1789년에 프랑스 혁명이 일어났어요. 오늘날 세계 각국의 정치 제도에 큰 영향을 준 이 세 혁명을 '세계 3대 시민 혁명'이라고 합니다.

명예혁명

영국은 청교도 혁명으로 왕인 찰스 1세를 처형하고 공화정을 선포했어요. 그런데 혁명을 주도한 크롬웰이 죽자 다시 왕정으로 돌아갔지요. 이후 다시 명예혁명을 일으켜, 국왕이 의회가 만든 법을 지켜야 하는 정치 제도를 마련했답니다.

미국 독립 혁명

재정난을 겪던 영국은 식민지인 미국에 계속 무거운 세금을 걷었어요. 그러자 화가 난 미국 시민들이 보스턴에 정박해 있던 영국 배의 차를 바다에 던져 버리는 사건이 일어납니다. 이를 계기로 영국이 더욱 탄압하자 미국은 프랑스의 도움을 받아 독립을 이뤄내요. 이 과정에서 왕을 없애고 시민이 뽑은 대표가 대통령이 되는 '대통령제'가 생겼습니다.

프랑스 혁명

프랑스 왕정의 심각한 재정 문제가 발단이 되어 프랑스 혁명이 일어났어요. 시민들은 프랑스 혁명을 통해 이전 제도를 무너뜨렸어요. 특권을 폐지하고, 직업을 자유롭게 선택하며, 세금을 평등하게 낼 수 있게 되었습니다.

퀴즈 영국으로부터 독립한 나라는? ① 중국 ② 미국

② 미국

한국의 4·19혁명

한국 최초의 시민 혁명은 1960년 4월 19일에 일어났어요. 당시 이승만 대통령은 독재 정치를 하고, 부정 선거를 통해 대통령직을 계속 유지하려고 했습니다. 그러자 2월 28일 대구 학생 시위를 시작으로 시민들이 들고일어났어요. 시위가 전국적으로 퍼져나간 4월 19일을 넣어 4·19 혁명이라고 하지요. 이 혁명으로 이승만 대통령은 쫓겨나고 새로운 정치 제도를 만드는 정부를 세울 수 있었습니다.

퀴즈 한국 최초의 시민 혁명은? ① 4·19 혁명 ② 5·18 민주화 운동

정답 ①

5 나폴레옹

황제가 된 전쟁 영웅

*노트르담 대성당 파리 센강의 시테섬에 있는 큰 성당.

나도~!
이번엔 이 성당을 지은 사람을 노리나?
100년 넘게 걸렸다잖아. 아직 살아 있을 리가 없지.
그러네.
저기 봐. 사람들이 아주 많은데?
무슨 일이지?
누구를 기다리는 것 같아.
웅성 웅성

나폴레옹 (1769년~1821년)

로베스피에르가 처형되고 혁명 정부가 약화되자, 사람들은 옛날로 돌아가자며 *반란을 일으켰어요. 이 반란군을 제압하며 나타난 사람이 나폴레옹이에요. 나폴레옹은 이탈리아 원정과 이집트 정복 전쟁에서 잇따라 승리하며 영웅으로 떠올랐어요. 황제에 오르기도 한 그는 러시아 원정은 실패한 후 대서양의 작은 섬에서 생을 마감했습니다.

*반란 정부나 지도자 따위에 반대하여 내란을 일으킴.

*__의회__ 입법에 참여할 수 있는 권리를 가진 기관.

*__지지하다__ 어떤 사람의 주의나 정책, 의견에 찬성하여 이를 위해 힘쓰다.

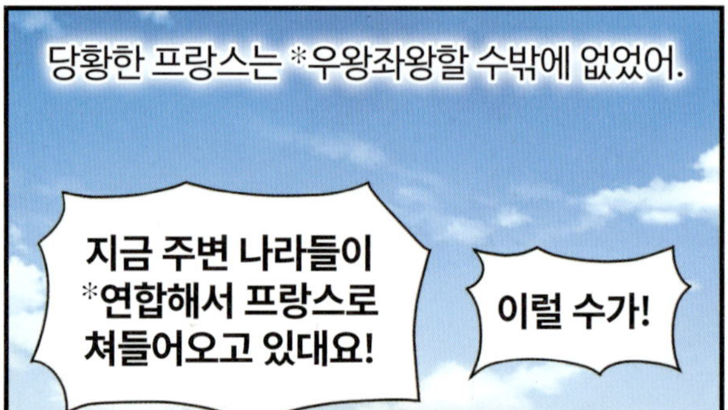

*우왕좌왕하다 이리저리 왔다 갔다 하며 방향을 종잡지 못하다.
*연합 두 가지 이상이 모여 하나의 조직체를 만듦.

*불가능 어떤 일이 되지 않거나 할 수 없음.

강력한 군사력을 바탕으로 권력을 갖게 된 나폴레옹은 의회를 없애고,
당신들은 시민의 대표가 될 자격이 없소.
나폴레옹의 말이 옳다!
나폴레옹, 만세!
스스로 최고 통치자인 '통령'의 자리에 올랐어.
우리의 대표가 되어 주세요!
나폴레옹은 국민 투표로 황제가 되었어. 즉 국민이 직접 뽑은 최초의 황제인 셈이지.
당시 나폴레옹은 자기 손으로 직접 왕관을 썼다고 해.
내 권위는 신이 내려 준 게 아니다!

혹시 하트 공주가 나폴레옹을 노리는 게 아닐까?
내 생각도 그래.
나라면 사람들 틈에 숨어 있을 거야.
아!
!
난 높은 곳에서 찾아볼게.
이 많은 사람 속에서 어떻게 찾지?
일일이 확인할 수도 없고….
북적
북적

*변장 본래 모습을 알아볼 수 없게 옷차림 등을 바꿈.
*골목 큰길에서 들어가 동네를 통하는 좁은 길.

타타타타
저긴 아무도 없는데?
나폴레옹을 노리는 게 아닐 수도 있어!
하지만 달리기라면 나도 지지 않아!
헉헉, 원래 저렇게 빨랐나?
*벌써 저기까지?

* **벌써** 예상보다 빠르게.

*멈추다 사물의 움직임이나 동작이 그치다.
*그만 그 정도까지만.

뭔가 이상해.
이건 바퀴 자국?
뭐?
바, 바퀴가 달려 있잖아?
우리가 속았어! 이건 인형이야!

이번엔
확실하겠지?
씨익
네, 이번엔
이자만 데려가도
성공이에요.
나폴레옹은
모든 걸 갖춘 최고의
인재니까요.
그는 황제가
된 후에도 쉬지 않고
영토를 확장했어요.
러시아 제국
프로이센 왕국
바르샤바 공국
영국
오스트리아
프랑스 제국
오스만 제국
스페인 왕국
나폴레옹 지배하의 국가
나폴레옹 동맹국
프랑스를 넘어서
주변 나라를
정복하고 거대한
제국을 만들었죠.

＊**후회** 이전의 잘못을 깨치고 뉘우침.

나폴레옹 님이다!
나폴레옹 만세!
와아
프랑스 만세!
와아
아아아
와아아!
나폴레옹 만세!
오, 저자가 나폴레옹? 맘에 드는군.

*__클로버__ 콩과의 여러해살이풀.

*행운 좋은 운수.
*선착순 먼저 와 닿는 차례.

네잎 클로버 덕분에 나폴레옹 님이 총알을 피했다지?
우루루루
나도 그 행운을 얻고 싶어!
내가 받을 거야!
효과 만점이네.
해리야!
슝
저쪽에 하트 공주가 있어.
뭐?
으아! 벌써 카드를 꺼냈잖아?

***폭죽** 공중에서 터트려서 소리가 나고 불꽃이 일어나게 하는 물건.

저번 듬이 *생일 때 남은 거구나.
이번엔 조용하게 촛불만 끌까? 폭죽은 나중에 쓰자.
으아, 시간이 없어!
일단 이거라도!
주욱
!
!
펴엉

*총소리 총을 쏠 때에 나는 소리.
*진정 몹시 소란스럽고 어지러운 일을 가라앉힘.

웬
총이지?
찾았다!
범인이 여깄다!
히익!
사격 준비!
척
당장 총을
내려놔!
척
나, 난 아무 짓도
안 했어!
척
고, 공주님!
어서 총을 내려놓으세요.

*난리 작은 소동.
*공포탄 탄알 없이 화약만 들어 있는 총알.

*지긋지긋 진저리가 나도록 몹시 싫고 괴로운 모양.

이젠
하트 공주도
포기했겠지?
응,
확실해.
그럼
회중시계를
돌리고….
도서관으로
돌아가자!
파
아
앗
위
이
이
잉

*수고 일을 하느라고 힘을 들이고 애를 씀.
*해결 얽힌 일을 잘 처리함.

*깁스 석고 가루를 굳혀서 단단하게 만든 붕대.
*휴가 직장이나 학교 따위에서 일정한 기간 동안 쉬는 일.

과,
관장님!
끄악!
콰당

팔이 또
부러진 것 같구나….
다 나을 때까지
다시 잘 부탁하마.
히잉….

나폴레옹 전쟁

1797~1815년 프랑스 혁명 당시 프랑스가 나폴레옹의 지휘 아래 유럽의 여러 나라와 싸운 전쟁을 '나폴레옹 전쟁'이라고 해요. 처음에는 프랑스 혁명을 지키는 성격을 띠었으나 점차 영토를 확장하기 위한 침략 전쟁으로 변합니다. 프랑스의 침략을 받은 유럽 제국은 영국을 중심으로 동맹을 결성하여 대항해요. 결국 나폴레옹이 워털루 전투에서 패하면서 오랜 전쟁은 막을 내립니다.

트라팔가르 해전(1805)
넬슨의 영국 함대가 프랑스와 스페인 연합 함대를 격파함.

아우스터리츠 전투(1805)
나폴레옹이 오스트리아와 러시아의 동맹군을 격파함.

예나 전투(1806)
나폴레옹이 프로이센을 대파하고 베를린으로 입성함.

바그람 전투(1809)
나폴레옹이 오스트리아 빈 근처 바그람에서 오스트리아군을 무찌름.

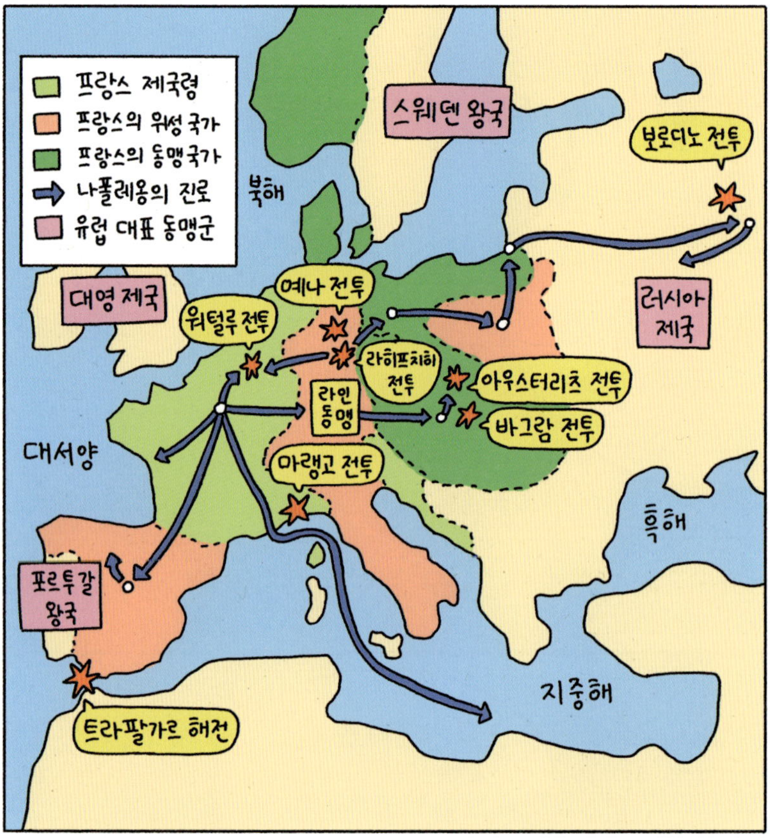

러시아 원정 (보로디노 전투,1812)
나폴레옹은 60만 명의 대군을 이끌고 러시아 원정을 떠났으나, 막심한 피해를 입고 돌아옴.

라이프치히 전투(1813년)
오스트리아, 프로이센, 스웨덴 등이 동맹을 맺어 전쟁을 일으킴. 나폴레옹은 이 전투에서 패해 황제 자리에서 쫓겨남.

워털루 전투(1815년)
다시 황제가 된 나폴레옹은 워털루에서 유럽 연합군과 최후의 전투를 벌임. 하지만 결국 패했고, 대서양 한가운데 작은 섬인 세인트 헬네나에 갇히게 됨.

퀴즈 1815년 나폴레옹이 유럽 연합군과 벌인 최후의 전투는?
① 워털루 전투 ② 워터파크 전투

나폴레옹의 두 얼굴

나폴레옹이 전쟁에서 연달아 승리하면서 프랑스의 혁명 정신은 유럽으로 퍼져나갔어요. 하지만 유럽 전체가 전쟁터가 되면서 수많은 청년이 목숨을 잃었습니다. 심지어 나폴레옹이 황제의 자리에 오르면서 왕정을 몰아낸 프랑스의 혁명 정신이 끝났다는 사람도 있어요. 여러분은 어떻게 생각하나요? 나폴레옹은 영웅일까요, 아니면 독재자일까요?

퀴즈 프랑스 혁명 정신을 전파하며 황제의 자리까지 오른 사람은?

① 라스푸틴 ② 나폴레옹

정답 ②

문화재의 주인은?

나폴레옹은 이집트 원정을 나설 때 수많은 학자를 데려갔어요. 희귀한 이집트 유물을 발굴해 프랑스로 갖고 오기 위해서예요. 당시 나폴레옹이 마음대로 가져온 이집트 유물은 현재 프랑스 파리의 루브르 박물관에 있습니다. 이 유물의 주인은 누구일까요? 원래의 주인인 이집트에 돌려줘야 할까요? 아니면 세계적인 박물관에 그대로 두어 더 많은 사람들에게 보여 주는 것이 나을까요?

퀴즈 프랑스 파리에 있는 박물관은? ① 루아르 박물관 ② 루브르 박물관

정답 ②

의궤를 돌려주세요!

1975년 박병선이란 역사학자가 프랑스 도서관에서 우리나라 의궤를 발견했어요. 의궤는 조선 시대에 국가의 주요한 행사를 그림으로 정리한 책이에요. 1866년 프랑스 함대가 우리나라 강화도를 침범했을 때 외규장각에 쳐들어가 빼앗아 간 거예요. 현재는 책을 돌려받아 국립중앙박물관에 전시되어 있어요. 하지만 아직 완전히 우리 소유는 아니라고 해요. 이 책뿐 아니라 일제 강점기와 해방 후 6.25를 겪으면서 우리나라의 수많은 문화재가 일본과 미국으로 넘어갔다고 하니, 참으로 가슴 아픈 일이지요?

외규장각
1781년 정조가 책을 보관하기 위해 강화도에 지은 규장각의 부속 도서관이에요. 병인양요 때 프랑스군이 이곳에 쳐들어가 우리나라 의궤를 비롯한 책 340여 점을 빼앗아 갔어요.

퀴즈 조선 시대에 국가의 주요한 행사 등을 그림으로 정리한 책은? ① 의궤 ② 의자

① 의궤

도전 세계사 놀이 퀴즈·정답 따라가기

버리가 정원에서 길을 잃었어요.
목적지에 도착하도록 문제를 맞혀 보세요.
출발
카롤루스 대제가 다스린 나라는?
프랑크 왕국
동로마 제국
백 년 전쟁으로 싸운 나라는?
프랑스와 영국
프랑스와 독일
루이 14세가 완성한 궁전은?
루브르 궁전
베르사유 궁전

도착
나폴레옹
알렉산더
프랑스의 황제는?
명예 혁명
프랑스 혁명
프랑스에서 일어난
시민 혁명은?
공포 정치
로베스피에르가
행한 정치는?
민주 정치

그림 카드를 보고 떠오르는 단어를 맞혀 보세요.

1

ㅋ ㄹ ㄹ ㅅ ㄷ ㅈ

2

ㅍ ㄹ ㅅ ㅎ ㅁ

3

ㄴ ㅍ ㄹ ㅇ

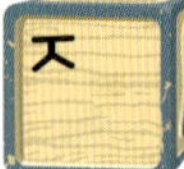

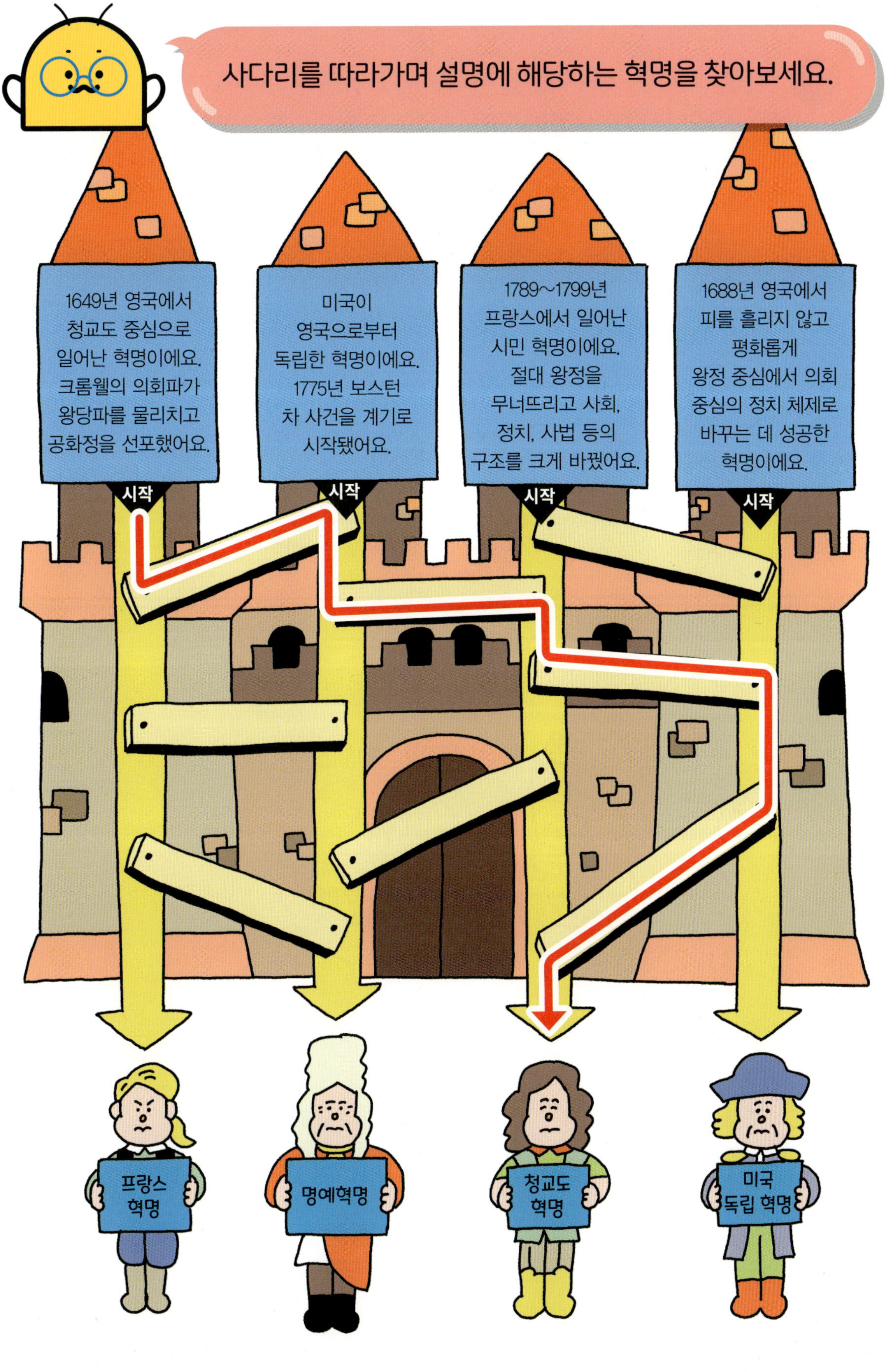
사다리를 따라가며 설명에 해당하는 혁명을 찾아보세요.
1649년 영국에서 청교도 중심으로 일어난 혁명이에요. 크롬웰의 의회파가 왕당파를 물리치고 공화정을 선포했어요.
미국이 영국으로부터 독립한 혁명이에요. 1775년 보스턴 차 사건을 계기로 시작됐어요.
1789~1799년 프랑스에서 일어난 시민 혁명이에요. 절대 왕정을 무너뜨리고 사회, 정치, 사법 등의 구조를 크게 바꿨어요.
1688년 영국에서 피를 흘리지 않고 평화롭게 왕정 중심에서 의회 중심의 정치 체제로 바꾸는 데 성공한 혁명이에요.
시작
시작
시작
시작
프랑스 혁명
명예혁명
청교도 혁명
미국 독립 혁명

1 다음은 여러 민족의 이동을 나타낸 연표의 일부입니다. ㉮~㉰와 관련된 설명이 옳지 않은 것은 무엇일까요?

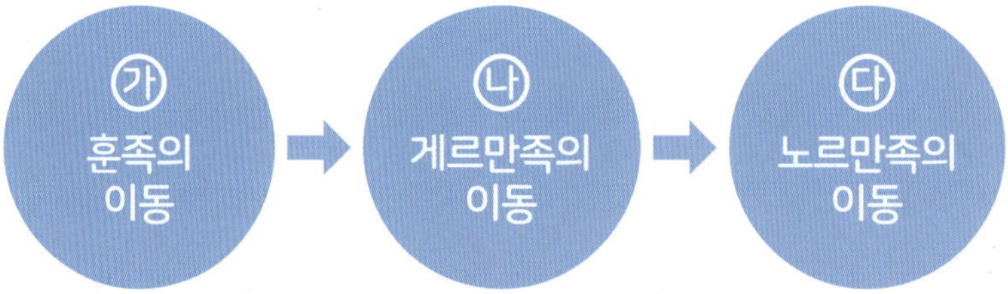

① ㉮ 훈족의 압박으로 게르만족의 이동이 시작되었다.
② ㉯ 게르만족이 세운 국가 중에 로마 제국이 가장 번성했다.
③ ㉰ 노르만족은 지중해의 시칠리아까지 점령하였다.
④ ㉰ 노르만족은 바이킹이라 불리기도 했다.

2 카롤루스 대제의 질문에 바르게 답한 사람은 누구일까요?

① **택이** : 다른 나라의 문화를 존중하지 않고 모두 파괴했기 때문이에요.
② **준렬** : 항해술이 뛰어나 먼 지역과 교역할 수 있었기 때문이에요.
③ **보라** : 다른 나라에 비해 농업 기술이 발달해 풍요로웠기 때문이에요.
④ **덕선** : 가톨릭이라는 종교를 받아들여 교황의 지지를 받았기 때문이에요.

3 다음은 프랑크 왕국 사람들의 대화입니다. 이 나라는 어디일까요?

① 대영 제국 ② 서로마 제국 ③ 몽골 제국 ④ 페르시아 제국

4 다음은 어떤 민족에 대한 설명일까요?

- 8세기 무렵 나타나 유럽을 공포에 떨게 했어.
- '유럽 북쪽에 사는 게르만족'이라는 뜻이야.
- 바닥이 낮은 배를 이용한 항해술이 뛰어났어.
- '치고 달아나는' 기습 전법을 잘 사용했어.

5 베르사유 궁전에 대해 틀리게 말한 사람은 누구일까요?

6 백 년 전쟁에 관한 설명으로 옳은 것은 무엇일까요?

① 영국과 독일 사이의 전쟁입니다.
② 프랑스의 왕위 계승권 때문에 일어났습니다.
③ 백 년 동안 쉬지 않고 계속 싸웠습니다.
④ 프랑스 혁명이 전파되는 걸 막기 위해 일어났습니다.

7 다음은 어떤 정신에 대한 설명일까요?

- 사회 지도층일수록 높은 도덕적 의무와 책임을 다해야 한다는 뜻이에요.
- 백 년 전쟁 당시 칼레의 여섯 시민 대표가 이것을 잘 보여 주었어요.

8 인터넷에 이 단어를 검색했더니 다음의 이미지가 나왔어요. 어떤 단어일까요?

루이 14세

엘리자베스 1세

펠리페 2세

① 공화정 ② 의원 내각제 ③ 절대 왕정 ④ 대통령제

9 마녀재판이 널리 퍼진 이유입니다. 맞으면 ○, 틀리면 ×표 하세요.

- 흑사병으로 많은 사람이 희생되어 사람들이 불안해 했다. ☐
- 십자군 전쟁 이후 교황권이 강화되어 마녀재판이 가능해졌다. ☐
- 백 년 전쟁 등 잇따른 전쟁과 흉년으로 사회가 혼란스러웠다. ☐

10 프랑스 혁명이 일어난 결정적 계기가 된 사건은 무엇일까요?

① 루이 16세 처형

② 잔 다르크의 활약

③ 나폴레옹의 부재

④ 바스티유 함락

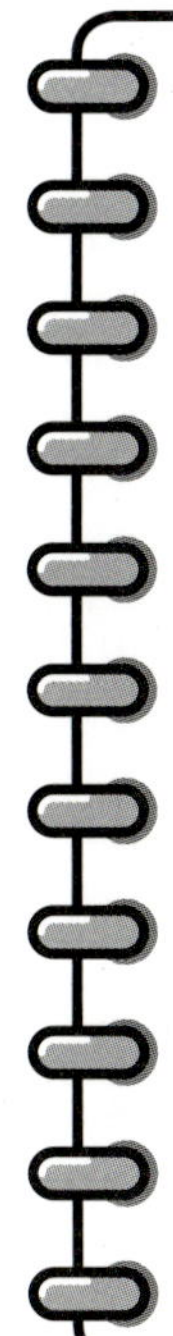

11 프랑스 혁명에 관한 설명입니다. 맞으면 ○, 틀리면 ×표 하세요.

- 프랑스 혁명으로 루이 4세가 왕위에서 쫓겨났다. ( )
- 프랑스 혁명의 영향으로 영국의 명예혁명과 미국의 독립 혁명이 일어났다. ( )
- 오늘날 프랑스의 국가는 프랑스 혁명 기간에 만들어졌다. ( )
- 나폴레옹은 공안 위원회를 통해 공포 정치를 시행했다. ( )

12 나폴레옹에 관한 설명입니다. 옳지 않은 것을 모두 고르세요.

① 프랑스 혁명 정신 전파

② 워털루 전투 승리

③ 왕위 계승을 위해 이혼과 정략 결혼

④ 국민 투표로 뽑은 최초의 황제

⑤ 의회 수립

⑥ 나폴레옹 법전 제정

⑦ 황제 등극으로 혁명 정신 계승

도전 세계사 퀴즈 · 정답과 해설

도전 세계사 놀이 퀴즈 · 정답 따라가기

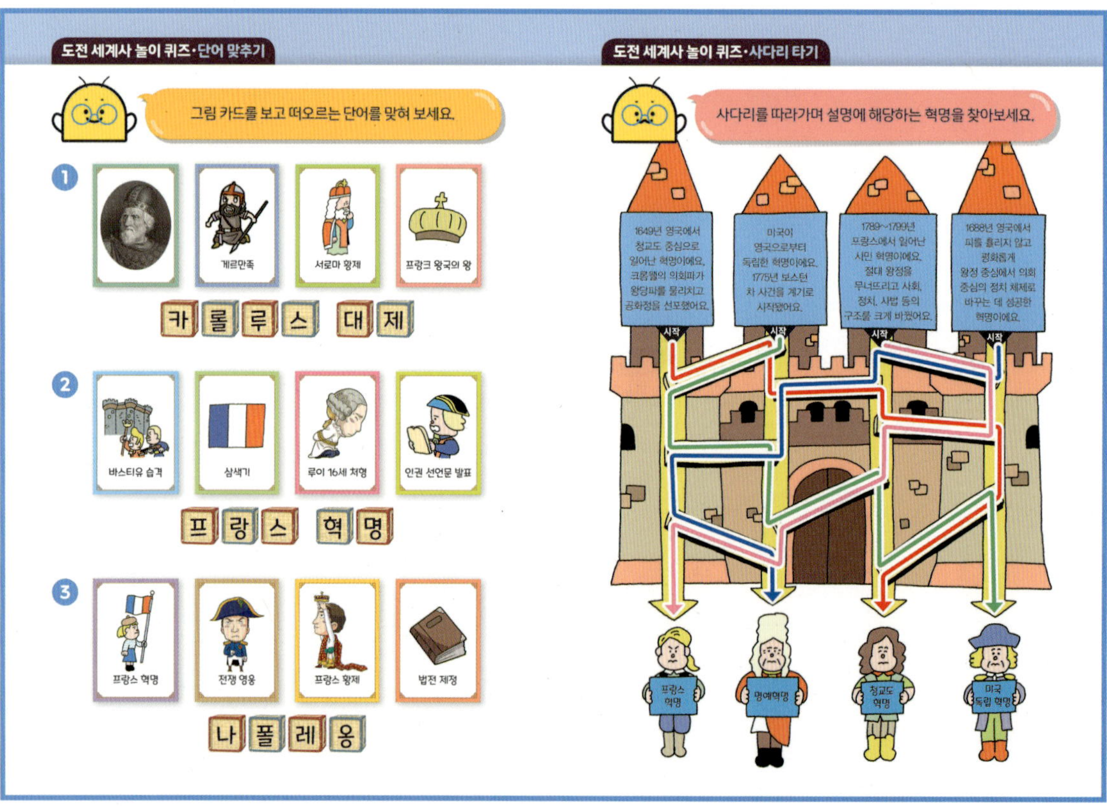

도전 세계사 놀이 퀴즈 · 단어 맞추기

그림 카드를 보고 떠오르는 단어를 맞혀 보세요.

도전 세계사 놀이 퀴즈 · 사다리 타기

사다리를 따라가며 설명에 해당하는 혁명을 찾아보세요.

1 답 ②

로마는 게르만족이 세운 나라가 아니다.

2 답 ④

카롤루스 대제는 정복한 땅에서 가톨릭을 활발히 보급했다.

3 답 ②

476년 서로마 제국이 망한 이후, 800년 로마의 교황은 성탄 미사에서 카롤루스 대제를 서로마 제국의 황제로 임명한다. 카롤루스 대제가 로마의 상속자라는 자격을 부여하는 상징적인 의미였다.

4 답 노르만족 또는 바이킹

노르만족은 '북쪽에 사는 게르만족'이라는 뜻으로, 바이킹이라고도 한다.

5 답 ③

베르사유 궁전에서 외국 사신들을 접견하는 장소는 '거울의 방'이다.

6 답 ②

백 년 전쟁이 일어난 원인은 프랑스 왕위 계승권 때문이다.

7 답 노블레스 오블리주

노블레스 오블리주는 사회 지도층일수록 높은 도덕적 의무와 책임을 다해야 한다는 뜻이다.

8 답 ③

루이 14세, 엘리자베스 1세, 펠리페 2세는 모두 절대 왕정을 상징하는 인물이다.

9 답 ○, ×, ○

전쟁과 질병, 흉년 등으로 사회가 불안해지면서 사람들은 모든 원인을 마녀의 탓으로 돌렸다.

10 답 ④

바스티유 함락은 프랑스 혁명이 전국적으로 번지는 계기가 되었다.

11 답 ×, ×, ○, ×

프랑스 혁명으로 쫓겨난 왕은 루이 16세이다.
프랑스 혁명 이전에 영국의 명예혁명과 미국의 독립 혁명이 일어났다.
프랑스 혁명에 참여했던 혁명군의 행진곡이 오늘날 프랑스 국가가 되었다.
공안 위원회를 통해 공포 정치를 시행한 사람은 로베스피에르이다.

12 답 ②, ⑤, ⑦

② 나폴레옹은 워털루 전투에서 패배했다.
⑤ 나폴레옹은 의회를 없앴다.
⑦ 나폴레옹은 황제 등극으로 프랑스 혁명 정신을 배반했다.

프랑스

기원전

700년 켈트 족이 갈리아(프랑스 알프스 내륙 쪽)에 출현

125~121년 로마, 남부 골족(켈트 족의 한 부류)을 식민화

58~51년 로마, 골족을 정복

기원후

486년경 프랑크 왕국 건국

800년 카롤루스 대제의 서로마 황제 대관식

843년 베르됭 조약

870년 메르센 조약

1337~1453년 백 년 전쟁

1347년 영국군, 칼레시 점령

1429년 잔 다르크, 오를레앙 전투 승리

1431년 잔 다르크의 죽음

1789년 삼부회 개최

1789년 바스티유 습격 사건

1793년 루이 16세의 공개 처형

1793년 로베스피에르 독재 체제 수립, 공포 정치 시행

1794년 로베스피에르의 죽음

1804년 나폴레옹 황제 즉위

1815년 워털루 전투

1821년 나폴레옹의 죽음

프랑스 모르타뉴에서 벌어지는 백 년 전쟁

오를레앙 전투의 잔다르크

바스티유 습격

세계사

기원전

- 770년 주의 동천, 춘추 시대 시작
- 492년 그리스·페르시아 전쟁
- 264년 포에니 전쟁 시작
- 221년 진, 중국 통일

기원후

- 395년 로마, 동·서로 분열
- 476년 서로마 제국 멸망
- 589년 수, 중국 통일
- 1095~1291년 십자군 전쟁
- 1206년 칭기즈 칸, 몽골 제국 성립
- 1299년 오스만 튀르크 제국의 성립
- 1453년 동로마 제국 멸망
- 1453년 오스만 제국, 콘스탄티노폴리스 점령
- 1649년 영국, 청교도 혁명
- 1688년 영국, 명예혁명
- 1776년 미국, 독립 선언

한국사

기원전

- 57년 신라 건국
- 37년 고구려 건국
- 18년 백제 건국

기원후

- 494년 부여, 고구려에 복속
- 660년 백제 멸망
- 668년 고구려 멸망
- 676년 신라, 삼국 통일
- 698년 발해 건국
- 900년 견훤, 후백제 건국
- 918년 왕건, 고려 건국
- 936년 고려의 후삼국 통일
- 1392년 이성계, 조선 건국
- 1592년 임진왜란 발발
- 1866년 병인양요
- 1871년 신미양요

사진 출처

33 **카롤루스 대제** | 위키피디아 ©Theodoro Matteini
69 **잔 다르크** | 위키피디아 ©Philippe Alès
90 **루이 14세** | 위키피디아 ©Hyacinthe Rigaud
131 **로베스피에르** | 위키피디아 ©Rama
150 **프랑스 인권 선언문** | 위키피디아
156 **나폴레옹** | 위키피디아 ©Soerfm
185 **외규장각** | 위키피디아 ©Mobius6
198 **프랑스 모르타뉴에서 벌어지는 백 년 전쟁** | 위키피디아
198 **오를레앙 전투의 잔 다르크** | 위키피디아
198 **바스티유 습격** | 위키피디아